LYON

IMPRIMERIE ALF. LOUIS PERRIN & MARINET

PRÉFACE

Le livre dont nous offrons une édition nouvelle n'est pas seulement une de ces curiosités qui atteignent aujourd'hui, dans les ventes, des prix sans autres limites que la fantaisie des amateurs ; au mérite de la rareté, il joint encore celui d'un intérêt à la fois historique & littéraire.

Les Nouveaux Satyres et Exersices gaillards de ce temps *nous transportent, dans la première moitié du XVII*ᵉ *siècle, au fond de la Normandie, où sévissait la guerre civile ; ils nous révèlent les côtés les moins étudiés de la vie du peuple & de la bourgeoisie à cette époque cruellement tourmentée. On y remarque une poésie franche, nerveuse, éclatante parfois & des peintures de*

LES
NOUVEAUX SATIRES
Et Exercices gaillards
D'ANGOT L'EPERONNIERE

TEXTE ORIGINAL

Avec Notice & Notes

PAR PROSPER BLANCHEMAIN

PARIS
ALPHONSE LEMERRE, ÉDITEUR
27-31, passage Choiseul, 27-31

M. D. CCC. LXXVII

LES

SATIRES ET EXERCICES

mœurs vivement touchées. On sent que Robert Angot est le compatriote, le contemporain de Malherbe & il tient fort bien sa place parmi cette pléiade de poètes satyriques qui florissait dans le nord-ouest de la France sous le règne de Louis XIII.

Cependant Auvray, Sonnet de Courval, Du Lorens, Vauquelin de la Fresnaye & d'autres ont obtenu ou sont en train d'obtenir les honneurs de la réimpression qui, jusqu'à présent, avaient été refusés à Robert Angot.

Peut-être était-ce une suite de la male-chance qui poursuivait son livre depuis sa mise au jour.

L'édition de Sonnet de Courval, publiée à Rouen, par Guillaume de la Haye, en 1627, in-8°, renfermait une série de douze satires, sous ce titre : Les Exercices de ce temps, contenant plusieurs satyres contre les mauvaises mœurs. Angot crut sans doute faire merveille & s'assurer un succès en se modelant sur ce titre. Il publia Les Nouveaux Satyres & exsersices gaillards de ce temps, &c. C'était enterrer vif son livre, qui fut constamment confondu avec les Exercices de ce temps, & qui l'est encore aujourd'hui par beaucoup de bibliographes.

Guillaume Colletet, l'abbé Goujet, Imbert & Sautereau de Marsy, auteurs des Annales poétiques, Boisard, le biographe du Calvados, &c., n'ont connu du sieur de l'Éperonnière que son Prélude poétique. Duputel, Nodier, Viollet Le Duc sont, je crois, les premiers qui aient parlé des Nouveaux exersices avec quelque détail. Depuis lors, ils ont repris leur place dans la série des poésies normandes & sont d'autant plus recherchés qu'une longue dépréciation & un oubli de deux siècles en ont rendu les exemplaires presque impossibles à rencontrer.

Il y a donc lieu de croire que cette édition nouvelle sera reçue avec faveur, non-seulement par ceux qui n'ont pu se procurer l'ancienne, mais par les quelques amateurs qui la possèdent, à cause des améliorations que nous avons tâché d'y introduire, savoir :

1° La notice de Guillaume Colletet, augmentée & complétée à l'aide de documents récemment découverts ;

2° Des remarques historiques & littéraires ;

3° Une table alphabétique des personnes & des localités mentionnées par l'auteur ;

4° Un glossaire des mots normands dont il s'est servi & qui sont souvent inintelligibles, même pour ses compatriotes.

Avant de clore cette préface, il me reste à rendre

compte aux lecteurs d'un scrupule qui m'a fait hésiter au moment d'exécuter la copie destinée à l'impression.

L'orthographe du poète est tellement excentrique & surtout variable, que l'on croirait volontiers à une gageure de sa part. Ainsi, par exemple, il écrit indifféremment voyage, voiage & même veage; temps, tems, tans & tens; troupe, trouppe, troppe, trope ; triomphe, triomfe & trionfe; obscur & oscur. Il y a certaines velléités de distinguer l'u du v & le j de l'i, &c.

En présence de ces bizarreries, je me suis demandé s'il n'y avait pas lieu de considérer l'édition originale comme un manuscrit fautif & incorrect, dont il faudrait uniformiser l'orthographe, tout en lui conservant le cachet archaïque. Mes sympathies étaient, je dois l'avouer, favorables à cette méthode éclectique. — Mais mon hésitation a dû céder devant le système employé par l'éditeur de la Bibliothèque d'un curieux, *qui a pour principe de donner la copie littérale des livres anciens qu'il remet en lumière*.

C'est donc le fac-simile de l'édition originale, avec toutes ses singularités, toutes ses variations, toutes ses fautes, que les lecteurs ont sous les yeux.

Le soin leur est laissé d'apprécier l'auteur, de

discerner son mérite à travers les aspérités de son langage, les excentricités de son orthographe &, comme l'a si bien dit le maître, de briser l'os médullaire pour en succer la mouëlle.

P. B.

VIE DE ROBERT ANGOT,

Par Guillaume COLLETET (1).

Robert Angot, fieur de l'Esperonnière (2), nasquit en la ville de Caën en Normandie, province de France qui a tousjours esté très fertile en poëtes, & qui de temps en temps en a produit de bons & de célèbres. Comme il avoit vne grande cognoissance des langues grecque & latine, il leut, avec autant de plain contentement

---

(1) Cette notice a été imprimée à 75 exemplaires, pour la Société Rouennaise de Bibliophiles. Dans le manusc. autographe, détruit avec la Bibliothèque du Louvre, par les incendiaires de 1870; elle faisait partie du t. IV (1589-1611).

(2) Descendait-il du fameux armateur dieppois, qui couvrit les mers de ses vaisseaux, amassa d'immenses richesses, fit pour son compte la guerre au Portugal et mourut en 1551, pauvre et presque oublié? C'est ce que je n'ai pu savoir; mais il résulte de ses factums poétiques que sa famille était nombreuse; car il mentionne un de ses frères et trois de ses sœurs. — Remarquons en passant que R. Angot a singulièrement varié l'orthographe de son nom de *l'Esperonnière*.

pour luy que d'utilité pour le public, les meilleurs autheurs de ces deux langues souveraines & en transféra plusieurs beaux traits (1) dans ses œuvres. Voire mesme il prit à tasche d'en traduire & d'en imiter des pièces entières, qu'il nous donna soubs le titre d'Imitations prises de divers autheurs grecs & latins.

Ses œuvres qu'il fit imprimer à Paris, l'an 1604 in-12 (2) sont divisées en cinq parties.

La première contient plusieurs Sonnets qui portent pour titre l'Isle fleurie, ou les premières Amours d'Erice; mais pour ce que je fais tousjours voir icy nos poëtes par ce qu'ils ont de moins difforme ou de plus beau, voici un Sonnet que j'ay veu de ses meilleurs & qui fera juger du peu de valeur ou du mérite des autres (3) :

Bocages reculez où ma dolente vie
Va perdant tous les iours tant de funestes vœus;
O beau pais, où mon cœur se rend si langoreus,
Que bien ialousement ie vous porte d'enuie!

(1) Variante : *Les plus beaux traits.*
Colletet, tout en corrigeant son texte, ne raturait pas la rédaction primitive. C'est celle-ci que nous donnons comme variante.

(2) *Le Prélude Poétique de Robert Angot, sieur de l'Esperonnière.* Paris, Georges Lombard, 1603, in-12.
Colletet s'est-il trompé de chiffre ou existe-t-il des exemplaires portant la date de 1604!

(3) On le lit au feuillet 15 du *Prélude Poétique* J'ai rétabli l'orthographe de Robert Angot, qui avait été corrigée par Colletet. Les citations qu'on trouvait dans les *Vies des Poëtes* étaient d'ailleurs fort peu fidèles, et il eût fallu les restituer à l'aide des textes originaux.

C'èt vous qui me celez la beauté qui me lie,
C'èt vous qui derobez le beau iour à mes yeus
Et qui depoffedez mon ame de fon mieus,
Sous l'éternelle orreur d'une abfence infinie.
   Et toi fâcheus foleil, contraire à mon repos,
Qui feignant de borner ta courfe dans les flos
Vas penchant ton beau chef dans le fein de ma belle,
   Las! que mes pauvres yeus te font auffi jalous,
Voians iniquement ta flame plus cruelle
Joüir toutes les nuis d'vn bien qui m'èt fi dous.

Si j'avoie entrepris de faire ici l'anatomie de ce Sonnet, affin d'y monftrer les beautez ou les défauts, je diroie que comme la penfée du fizain eft fort belle, mais affez mal & barbarement exprimée, principalement fur la fin, les deux premiers quatrains font beaucoup plus obfcurs & plus hériffez d'efpines que les bois mefmes aufquels il s'adreffe. Et quoyque ce Sonnet paroiffe (1) d'abord affez efclattant, fi eft il qu'à le confiderer de près, il cognoiftra bientoft qu'il a pris une vraye happelourde (2) pour un diamant fin & de belle eau. Car à vray dire il eft malaifé de juger fi c'eft lui qui foit (3) abfent de ce bocage ou fi c'eft fa maiftreffe qui en foit efloignée. Je fçay bien que le fecond

---

(1) Variante : *soit*.

(2) Une *happelourde* est le nom que portait alors le diamant faux, ce que nous appelons le *strass*. — Notons en passant que la phrase est assez mal construite, et que ce : *il cognoiftra* se rapporte évidemment à un *lecteur* quelconque ; mais l'auteur a omis de le nommer.

(3) Variante : *est*.

quatrain faict bien voir que c'eft luy qui en eft efloigné ; mais auffy fcay-je bien que le premier marque (1) tout le contraire, en difant que fa vie y perd fes vœux & que fon cœur y eft dans une langueur perpétuelle. Ainfy, comme au jeu des gobelets, on peut dire qu'il y eft & qu'il n'y eft pas. Grand défaut en un poëte, qui doit fuir l'obfcurité, comme un efcueil, & qui fe doibt fouvenir que, comme légitime fils d'Apollon, il doit eftre clair & lumineux ; puifque fon pere eft l'ennemy des tenèbres & le Dieu de la lumiere. A cette obfervation j'en adioufte encore une autre, qui regarde feullement la grammaire & qui, n'eftant pas de grande importance, ne laiffe pas d'eftre neceffaire en ce lieu ; puifqu'elle pourra fervir à quelques jeunes poëtes provinciaux, qui n'ont l'air de la Cour ny de l'Académie Françoife (2). L'autheur, dans fon troifiefme vers, faict ce mot *pays* monoffillabe *(fic)* quoyqu'il foit de deux fillabes, comme *payfan* l'eft de trois, erreur dans laquelle plufieurs autres poëtes font tombez auffi bien que luy & entre les autres ce fameux poëte de Clerac, auffy cognu en France par fes difgraces que par fes vices (3), lorfqu'il dit dans une Ode à fon frère :

---

(1) Variante : *dit.*

(2) D'après la manière dont Colletet s'exprime au sujet de l'Académie française, il est évident qu'il en faisait partie depuis quelque temps. La présente Notice doit donc avoir été écrite après la fondation de l'Académie, c'est-à-dire vers 1637, l'année même où Angot publiait ses Nouveaux Satires.

(3) Théophile de Viaud, né à Clairac (Agenois) en 1590, mort

>Je reverray fleurir nos prez ;
>Je leur verray coupper les herbes ;
>Je verray quelque temps après
>Le *paysan* couché sur les gerbes.

Comme après ces deux mauvaises rymes *prez* & *après*, il n'a fait *payfan* que de deux sillabes, il n'eust pas manqué sans doute de faire *dépayser* de trois sillabes seullement, quoyque ce mot le soit effectivement de quatre. Mais je pardonne facilement ces petits défauts à cet excellent genie, qui parloit en cela comme on parle dans sa province, & qui, dans son humeur libre, ne put jamais s'assujettir aux regles estroites de la grammaire ny à la severité des loix de Malherbe & de la raison. Et par ceste raison mesme je pardonne aussy à nostre Angot l'Eperoniere & ce d'autant plus plus qu'il estoit fort jeune & qu'il n'avoit de guerre passé l'aage de 15 ans lorsqu'il (1) composa ces amours d'Erice, ce que j'apprends de ces vers tirez d'une de ses Elegies :

>A peine auois-ie encor veu Phœbus par les cieus
>Promener quinze fois son coche radieux,

à Paris le 25 septembre 1626. Colletet, si sévère ici, oublie que l'arrêt du Parlement rendu et exécuté le 16 août 1626, contre les auteurs du *Parnasse satyrique*, qui condamnait Théophile à être brûlé en Grève, le bannissait lui-même pour neuf ans. Il est vrai que le procès avait été réformé, que Théophile était mort et que douze ou quinze ans avaient passé sur tout cela. Le temps fait oublier bien des choses !

(1) Variante : *Quand il.*

Lorſque pour mon malheur ſa clarté couſtumière
Feiſt cognoiſtre à mes yeux voſtre belle lumière (1).

La ſeconde partie de ſes œuvres conſiſte en pluſieurs Elegies, la plus part amoureuſes, & qui ſont autant de naïfs & de veritables tableaux de ſes paſſions. Il eſt bien vray que, parmy ſes Elegies, il y en a qui peuvent paſſer pour de véritables petits poëmes épiques. Telle eſt celle qu'il appelle le Songe & ceſte autre qu'il intitule Orphée (2) ; pour ce que dans l'une et dans l'autre, qui paſſent de beaucoup la longueur de l'Elegie, il traite d'autres matières que des plaintes d'amour, & qu'il y a des deſcriptions, des comparaiſons & tous les autres ornements des longs poëmes. Auſſy dans ma penſée cette ſeconde partie, toute raboteuſe qu'elle eſt

---

(1) *Prélude Poétique*, Elégie II, fol. 34. — Il affirme de nouveau qu'il était poëte à 16 ans, dans ces vers qui se trouvent ci-après, p. 48 de ses *Nouveaux Satyres :*

Ie n'auois pas ſeize ans quand ma vois begaïante
Chanta du grand Henri la gloire trionfante.

(2) Dans le Songe (*Prélude Poétique*, fol. 22 v° et suiv.), Angot voit apparaître un vieillard, couvert de pauvres habits, qui lui montre, peints en quatre tableaux qu'il décrit longuement, les Ages d'or, d'argent, d'airain et de fer. Il conclut par l'éloge de la vie rustique, et pour confirmer son dire, raconte, d'après Horace, la fable du rat de ville et du rat des champs. — L'Orphée (fol. 46 et suiv.) est un récit en 350 vers de la fable d'Eurydice. — Ces deux pièces, malgré leur prolixité, ne sont pas sans mérite, surtout a première, où la verve satyrique du poète se fait déjà sentir.

en plusieurs endroits dans sa diction, est de beaucoup meilleure que toutes les autres, soit que le style elegiaque soit un peu plus facile que le sonnet ou que le lyrique, soit que celuy qui est naturellement poëte ait dans ce genre de poësies plus de liberté & donne carrière à ses belles imaginations.

La troisième partie est un livre d'Odes, les unes Pindariques & les autres Horatiennes, c'est à dire diversifiées, tant pour le subjet que pour la mesure, à l'exemple de celles d'Horace. Celle qu'il adresse à Thomas Roggers, Gentilhomme Anglois & poëte latin excellent, me semble une des plus supportables. En voicy le commencement :

> Quelle plus cruelle auanture
> Peut vn bon pere rencontrer
> Que de voir sur vne torture
> Sa deplorable geniture
> Mille supplices endurer !
> Vaincu d'une angoisse infinie
> Il n'a plus qu'en la mort recours,
> Et voudroit, lassé de sa vie,
> Lui mesme en la rive blemie,
> Hater ses miserables iours (1).

Et le reste, qui ne cède guère à ce commencement &

---

(1) Cette Ode se trouve au fol. 67 v° du *Prélude Poétique*. Colletet y a introduit deux corrections. — Au troisième vers, au lieu de *sur* une torture, il a mis *dans*. — Il a corrigé ainsi le septième vers :

> La seule mort est son recours.

a.

qui m'apprend que ceſte belle fille, dont il chantoit les louanges ſous le nom d'Erice, eſtoit une jeune demoiſelle de ſon voiſinage de Caën & qui avoit quelques terres auprès des ſiennes, d'où j'infère qu'il poſſedoit encore quelque autre bien que celuy des Muſes.

La quatrieſme partie eſt ceſte imitation de divers autheurs grecs & latins dont j'ay desjà parlé. Il débute par la verſion du petit poëme de la Cigale du fameux Anacréon, que l'on peut conferer avec celle de Belleau, pour juger lequel d'eux a en cela le mieulx réuſſy. Après cela il y a quelques traductions d'Alcée, de Sapphon, de Catule, de Marule, d'Augerian, de Jean Second & de quelques autres mignards & delicats poëtes anciens & modernes, qu'il repreſente & qu'il exprime avec autant de grace que de naïveté.

La derniere partie de ſes œuvres poëtiques eſt intitulée : Meſlanges. C'eſt un recueil de toute ſorte de vers ſur toutes ſortes de ſubjets différents. Il y a des éloges, des amourettes & des épitaphes, au nombre deſquelles il s'en rencontre une aſſez ample ſoubs le nom d'Erice, faicte ſur la mort d'une belle, jeune & ſçavante demoiſelle, nommée Erice de Bonſoſſard, ce qui me faict quaſi croire que c'eſt celle là meſme dont il devint amoureux & dont il celebra les louanges, ſoubs le nom d'Erice (1). Quoy qu'il en ſoit, les penſées en ſont aſſez

---

(1) Si Colletet avait lu le *Prélude Poëtique* avec un peu plus d'attention, il eût rencontré, fol. 45 v°, la confirmation de sa conjecture, dans une chanſon commençant par ces vers, qui n'ont

nobles & il y a peu de deffauts, hormis ceux de la pauvreté de la rime & la baffeffe de l'élocution ; puifque dans toutes fes autres pieces il y rime ordinairement *salées* avec *livrées*, *Pluton* avec *paffion* & mille autres femblables & qu'il n'y a pas grand efgard au choix des paroles, les employant indifferemment comme elles decoulent fous fa plume, ce que le bon poëte doibt éviter fur toute chofe, puifqu'il ne doibt jamais joindre l'ortie avec les fleurs, ni l'odeur puante du foulphre avec les douces vapeurs de l'encens & de la civette (1).

GUILLAUME COLLETET.

pas grand sens, mais qui contiennent, le premier, l'anagramme d'Erice de Bonfossard, et le troisième, celui de Robert Angot :
   Bref, o Sirene, d'acort !
  Ores il faut qu'en cete Ile Fleurie
   Prenant ore *à gré ton bort*,
  Mes dernières chanfons à ta voix ie marie.
(1) Var. : *Caffolette*.

SUPPLÉMENT

A LA VIE DE R. ANGOT

Lorsqu'il écrivit cette notice, Colletet n'avait sous les yeux que le *Prélude Poétique*; il ignorait même fi Robert Angot était vivant ou mort. Il ne pouvait avoir lu les *Nouveaux Satires*, puisqu'ils paraissaient à l'époque où les pages qui précèdent ont dû être composées.

L'appréciation de l'abbé Gouget, qui n'en sait pas davantage (1), moins prolixe dans la forme, est la même pour le fond. — Il signale en plus l'Ode à Nicolas de Malfillastre, sieur du Mesnil, Maistre ordinaire des Comptes en Normandie (fol. 60, v°), dans laquelle nous voyons qu'Angot, orphelin de bonne heure, avait été aidé de la protection et des conseils de ce magistrat. — Dans les Elégies, il remarque (fol. 31) la fable du rat de ville et du rat des champs, dont nous avons

---

(1) Bibliothèque Françoise, t. XIV, p. 313.

parlé ci-dessus. — Nous citerons encore l'Ode à la Chapelle de Cornu (fol. 62, Ode IX), qui donne quelques renseignements sur notre poëte :

> Diuin feiour que ie reuère
> Non pour ton bel air falutère
> Non pour ta belle marque encor,
> Non pour embraffer fauorable,
> Dans ton bocage venerable,
> Mon plus cher paternel tréfor...
>   Mais hélas ! ô fainte Chapelle,
> J'eftime ta cyme plus-belle,
> Non pour faire voir à mes yeus
> Alançon, & Vire, & le Maine,
> Et mainte contrée lointaine
> Où Phœbus fe couche ocyeus
> . . . .
> Mais pour y regreter fans ceffe
> Le lieu de ma chere Maiftreffe,
> Que i'i remarque par fus tous.

Nous apprenons par ces vers, qui ne sont point dépourvus de grâce, dans quelle contrée l'héritage du poëte était fitué ; car l'antique chapelle du Cornu subsiste encore. Elle est édifiée sur le territoire de la commune du Mont-Chauvet, près des communes de Lassy et de La Bruyère-au-Cornu, dans un site des plus pittoresques (1). On y découvre sans doute encore, vers

---

(1) Malherbe, dans une lettre écrite de Caen, à Peiresc, le 7 août 1621, donne les détails suivants sur cet édifice :

« Nous avons, à quatre lieues d'ici, près de Saint-Aignan-le-Malherbe, une chapelle qui s'appelle *la Chapelle du Corps nu*.

le couchant, la demeure d'Erice de Bonfossard, qui apparaissait au poëte par-dessus les cimes verdoyantes de la forêt de Saint-Sever, qu'il lui fallait traverser pour aller de son habitation à celle de sa bien-aimée.

Nous avons déjà vu que le roman amoureux de Robert Angot eut un trifte dénoûment, puisque la dernière partie de son *Prélude Poétique* contient l'épitaphe de Damoifelle Erice de Bonfossard, dont il exalte, en accents émus, la beauté, la vertu, le savoir, et dont il déplore la fin prématurée.

Pourtant il ne lui resta point toujours fidèle ; et l'on rencontre, dans la Mufe Amoureufe, qui fait partie de son dernier recueil de poésies, les noms de Clorinde, d'Erice (soit la même, soit une autre) et de Nérée. Cette dernière semble l'avoir payé de retour ; car il raconte, dans une Élegie, qu'il fut, au sortir de chez elle, surpris par un jaloux qui l'attaqua l'épée au poing et qu'il se tira à grand'peine de ce guet-apens.

Il est supposable même qu'il se maria (bien qu'il ne paraisse avoir fait aucune mention de sa femme), car il parle de son fils dans l'un de ses factums poétiques.

Ces deux mots *factums poétiques* qui semblent jurer l'un contre l'autre, dépeignent admirablement l'existence de R. Angot. En qualité de poète, il commença

---

L'on dit que c'est pour la satisfaction d'un homme que le duc Guillaume fit écorcher ; et là dessus il se dit des choses fabuleuses. L'on m'a dit qu'en l'abbaye du Plessis, dont elle dépend, j'en pourrais savoir des nouvelles... »

par aimer et chanter ses amours ; mais il était en même temps avocat au Présidial de Caen, et le métier de plaider tant pour les autres que pour lui-même aigrit son cœur et envenima sa plume. Il composa des factums pour défendre la succession passablement embrouillée que lui avait laissée son père et, de peur de perdre l'habitude de rimer, il les écrivit en vers. C'étaient des feuilles volantes, qui déridaient un instant le tribunal, et qui, pour la plupart, détruites par ses adversaires, négligées par ses juges, peut-être par lui-même, n'ont pas survécu aux procès qui en furent l'occasion et la cause.

Ses *Nouveaux Satires et Exerfices gaillards de ce temps* ne furent pas plus heureux, et pourtant ce petit livre, imprimé sur papier détestable, avec un mélange de vieux caractères de toutes provenances, romains, italiques, etc., tenait plus que ne promettait son misérable aspect, et mettait le poète en un rang où son premier ouvrage ne faisait pas supposer qu'il dût atteindre. En effet, son style a désormais acquis de la force, de l'ampleur, et une verve satyrique peu commune s'est développée en lui.

Il serait superflu d'analyser en détail ce livre que le lecteur a sous les yeux. On verra tout d'abord qu'il est divisé en plusieurs parties que Robert Angot appelle *Muses* : Céleste, Héroïque, Satyrique, Amoureuse, etc., et que tout se termine par l'*Entretien des Muses*. — La Muse Céleste contient des Psaumes, des Hymnes, des Sonnets d'un style assez élevé ; la Muse Héroïque s'a dresse au roi Louis XIII ; elle se compose de Discours et Sonnets sur les évènements de son règne ; la Muse Satyrique renferme cinq Satyres ; la Muſe Épineuse, des Pièces épigrammatiques. L'Entretien des Muses est un recueil de Sonnets adressés à des magistrats que le poète désirait se rendre favorables dans ses procès.

« Ces vers, où il y a de la facilité et de la correction, le placent dignement, dit M. Viollet Le Duc, dans sa Bibliothèque Poétique, sur la ligne des poètes ses compatriotes et ses contemporains. »

Pour appuyer son assertion, le savant bibliophile cite deux longs fragments des Pistoles et des Picoreurs, puis il ajoute : « En voilà assez pour juger du talent et de la verve abondante de Robert Angot. »

Je n'ai point à insister sur cet arrêt dont les lecteurs pourront apprécier la justesse, puisqu'ils ont les pièces en main ; mais j'extrairai du livre même les seuls renseignements qui nous restent sur la vie de l'auteur.

Nous avons dit que son père, mort jeune, lui avait laissé un héritage médiocre et sujet à discussion. Nous le voyons en instance à Vire, où des juges qu'il maudit lui firent perdre un procès important contre un moine et un meunier. Mais sa cause fut évoquée par lettres royaux devant le Parlement de Normandie, où il la gagna. Tout n'était cependant pas encore terminé, car à l'époque où il publia ses *Nouveaux Exercices,* nous le trouvons poursuivant un second pocès à Caen, probablement toujours contre son moine rancuneux et son retors meunier, puisque les dernières pages de son livre sont occupées par les Sonnets mêlés d'éloges et de sollicitations qu'il adressait tour à tour à ses juges.

Dans l'entre-temps, il faisait un voyage en Espagne, ce qu'il nous révèle par un seul mot d'un Sonnet adressé à la ville de Rennes, où il se félicite d'avoir été bien reçu *à son retour d'Espagne*. Ailleurs il laisse supposer qu'il visita, soit en allant, soit en venant, les travaux des siéges de Saint-Jean-d'Angély et de La Rochelle.

Si c'est à l'époque du mariage de Louis XIII qu'il accomplissait son voyage, il est regrettable qu'il n'en ait rien raconté. De piquantes révélations seraient sorties de cette verve normande, encline à la satire et qui nous a esquissé de si curieux croquis, entre autres celui des Picoreurs, véritable dessin à la plume, dans la manière de Callot, ainsi que les portraits passablement grotesques de certains de ses compatriotes, hommes ou femmes, et de quelques avocats, probablement de ceux qui plaidaient contre lui. Il est certain que d'aussi violentes diatribes ont dû envenimer outre mesure les fureurs de ses adversaires.

A cette vie errante et processive, Angot ne s'enrichissait pas. Pauvre il était dans sa jeunesse, ainsi qu'on le voit au Sonnet LV de son *Prélude Poétique* :

> Amour, comme l'on dit, furmonte toute chofe ;
> Mais l'argent auiourdhui le peut feul furmonter,
> Et, faute d'en avoir, ie ne fçaurois domter
> Vne nimfe pour qui mile vers ie compofe.

pauvre il vécut dans son âge mûr ; car voici son intérieur dépeint par lui-même, en 1620, dans sa satire des Picoreurs (p. 96).

> Ce n'èt qu'vn lieu defert & manque de tout bien.
> En cette folitude où mon efprit s'amufe,
> I'entretien mes humeurs, je careffe la Mufe,
> Qui, durant ces mal-heurs, n'i vit le plus fouuent
> Que d'efpoir, de regret, de chanfons & de vent.
> Vous ne verrez ici, pour tout meuble et tous vivres
> Qu'vn lit, vn lut, vn feu, des tableaux & des livres.

Je m'arrête fur ces vers ; ils démontrent que le style d'Angot avait fait de notables progrès depuis le *Prélude Poétique*. Trop ampoulé quand il prétend traiter des sujets élevés, bien qu'il rencontre parfois des élans poétiques dans ses Psaumes et des accents émus pour déplorer la misère du peuple à la suite des guerres civiles, son véritable élément est la satire ou l'épigramme. S'il n'a pas assez de puissance pour manier d'une main magistrale ce fouet dont Régnier s'est fait un sceptre, il égale du moins La Fresnaye, Du Lorens, Auvray, Courval-Sonnet, Motin, Sigognes, Berthelot ; il marche dans un rang élevé, parmi tous ces prédécesseurs de Boileau, qui allait naître, au moment où Robert Angot disparaissait de la scène.

Or, si Despréaux l'emporte sur cette pléiade de railleurs gaulois, ce n'est point par l'esprit, par la verve, par la vigueur, par l'abondance ; c'est, au contraire, uniquement par le choix, l'arrangement et la concision, c'est qu'à l'imitation de son jardinier d'Auteuil, dans cette pépinière luxuriante, plantureuse, peuplée d'arbres vigoureux, fleuris, mais aussi hérissée de ronces, de chardons et d'épines, il a choisi quelques sauvageons bien droits, qu'il a transplantés, greffés, émondés, taillés en pyramides, auxquels il a fait rapporter des fruits en petit nombre, mais bien formés et savoureux.

De nos jours, par un mouvement de reflux, le goût s'est modifié ; à la perfection de l'art nous préférons le sans façon d'autrefois ; les charmilles alignées de Versailles n'ont plus le don de nous plaire. Nous revenons avec délices dans nos *cours* normandes, nous étendre sur l'herbe touffue, émaillée de pâquerettes, sous les pommiers au large parasol, tout couverts de fleurs roses et de feuilles vertes. A l'exemple de nos aïeux, nous aimons à y vider le *pichet* de gros cidre qui leur versait la gaîté. Nous chantons de nouveau les vaux-de-vire du temps jadis. Les Vauquelin, les Jean Le Houx, les Courval, les Auvray nous ont récité tour à tour leurs plus vertes gauloiseries... Buvons aujourd'hui dans le verre de Robert Angot.

Prosper BLANCHEMAIN.

BIBLIOGRAPHIE

On ne connaît actuellement de Robert Angot que les volumes et opuscules suivants :

1° *Le Prélude Poétique de Robert Angot, ſieur de l'Eſperonnière, dédié à Monſeigneur le Prince de Condé.* — Paris, Georges Lombard (ou Gilles Robinet) 1603, in-12, de six ff. préliminaires non cotés, y compris le titre et le portrait de l'auteur, âgé de 22 ans, par Pierre Firens, et de 94 ff. — J'en ai vu deux exemplaires, celui de la Bibliothèque de l'Arsenal et le mien. Ils ne contiennent pas le privilége annoncé sur le titre.

2° *Les Amours ſolitaires d'Arlanges, à M. de la Freſnaye Vauquelin,* suivant l'exemplaire imprimé à Paris. 1611. 51 pages in-4.

Ce titre fait supposer qu'il y a eu une édition antérieure, inconnue jusqu'ici.

3° *Le Tombeau de Jean Baptiſte de Vaſſi, ſieur du Gaſt,* recueilli de divers auteurs par R. A. S. D. L. à

Mme de la Foreſt, ſa mère. — S. L. 1612, 18 pages in-4°.

On trouvera ci-après, dans les *Nouveaux Satires* un tombeau de M. Du Gast, en 84 vers alexandrins, une Elégie latine en 16 distiques, et 8 vers français sur son anagramme. Je n'ai pu vérifier si c'est la reproduction du recueil ci-dessus.

4° *Mélanges poétiques ou continuation de l'Iſle fleurie, par Robert Angot de l'Eperonnière, avocat au Préſidial de Caen*, S. L. 1614, in-4° de 36 pages.

L'*Iſle fleurie*, dont ce recueil est la continuation, fait partie du *Prélude Poétique*.

Ces trois n°ˢ : 2, 3 et 4, que je regrette de ne pas connaître, ont été compris dans la vente de la magnifique bibliothèque du baron Pichon, faite par M. Pottier, en avril 1869.

5° *Bouquets Poétiques ou remercîment à Meſſieurs du Préſidial de Caën, ſus la victoire d'un procès, par le S^r de l'Eſperonnière Angot, avocat au Préſidial de Caen*, M.DC.XXXII, in-4° de 27 ff.

6° *Chef-d'OEuvre Poétique ou première partie du Concert des Muſes Françoiſes, dedié à Mrs de la Cour du Parlement de Normandie, par le ſieur de l'Eſperonnière Angot...*, à Caen, chez Jacques Brenouſet & Julian le Boulanger, demeurant en froide rue. 1634, in-4° de 18 ff.

M. Jacques Brunet, dans le Manuel du Libraire, a le premier signalé ces deux plaquettes, probablement uniques, qui lui ont été communiquées par le Comte de la

Ferrière-Percy, auteur de plusieurs ouvrages concernant la Normandie. Elles ont passé de sa bibliothèque dans celle de M. Soleil, puis chez M. Henri Bordes, amateur bordelais, qui les a gracieusement prêtés pour être reproduits en *fac-simile* par la Société Rouennaise de Bibliophiles (1). Cette réimpression, uniquement destinée aux membres de la Société, a été tirée à 75 exemplaires in-4°, dont un sur parchemin.

Le dernier opuscule est particulièrement curieux, à cause des vers figurés qu'il renferme et qui représentent une mandoline, des feuilles de laurier, des œufs, une croix, etc.

7° *Les Nouveaux Satires & Exerfices* (sic) *gaillards de ce temps, divifé en neuf fatires auxquels eft adjoufté l'Uranie ou Mufe celefte*. Dédié à M. Des Hameaux, confeiller du Roy, premier Préfident en fa cour des Aydes de Normandie, par R. Angot, fieur de l'Eperonière. — A Rouen, chez Michel l'Allemant, prés le portail des libraires, vis àuis du Four Chapiftre. — M.DC.XXXVII, Petit in-8° de 258 pages, fans privilége (2).

Les nouveaux Satires & Exerfices gaillards de ce temps,

(1) Ils ont encore une fois été mis en vente et ont été adjugés, pour 600 fr., à la Bibliothèque nationale.

(2) L'exemplaire du bibliophile normand Duputel, qui passa successivement dans la bibliothèque de Viollet Le Duc (adjugé 13 fr. 50 à sa vente), dans celle du comte Alf. d'Auffay, de Turquety (vendu 270 fr. en 1868) et enfin de L. de Montgermont, à la vente de qui on l'adjugea, en 1876, pour 545 fr.

que nous reproduisons aujourd'hui, ont été longtemps confondus, à cause de la ressemblance du titre, avec *les Exercices de ce temps*, qui sont imprimés parmi les œuvres satyriques du médecin Sonnet de Courval, dans l'édition de Rouen, Guillaume de La Haye, 1627, in-8°.

Feu M. Edouard Frère, conservateur de la Bibliothèque de Rouen, avait, dans son Manuel du Bibliographe Normand, cru devoir attribuer, sans affirmation positive, ce dernier ouvrage à Robert Angot. Mais, par une lettre qu'il m'a fait l'honneur de m'adresser à ce sujet, mon savant compatriote m'a fait connaître que de nouvelles études l'ont rangé de l'avis de MM. J.-C. Brunet et Eugène de Beaurepaire, et que les Exercices de ce temps n'appartiennent réellement pas à Robert Angot. Étant réservée la question de savoir s'ils sont de Sonnet de Courval, à qui M. Armand Gasté les conteste avec une grande force de raisonnement, sans pouvoir néanmoins déterminer quel en serait l'auteur.

La Société Rouennaise a aussi fait imprimer pour ses membres, au nombre de 75 exemplaires, la vie de Robert Angot, par Guillaume Colletet, complétée et annotée par Prosper Blanchemain, IV et 24 pages in-4°.

LES
NOVVEAVX
SATIRES ET EXERSICES
GAILLARDS DE CE TEMPS.

Diuisé en neuf Satires.

Auquels est adjousté l'Vranie ou Muse Celeste.

Dédié à Monsieur des Hameaux, Conseiller du Roy, premier Président en sa Cour des Aydes de Normandie.

Par R. ANGOT Sieur de l'Eperoniere.

A ROVEN,

Chez MICHEL L'ALLEMANT, près le portail des Libraires vis auis du Four Chapistre.

M. DC. XXXVII.

VRANIE

ov

LA MUSE CELESTE.

A MONSIEVR DES-HAMEAVS,

Conseiller du Roy,
Premier President en sa cour des Aides
en Normandie.

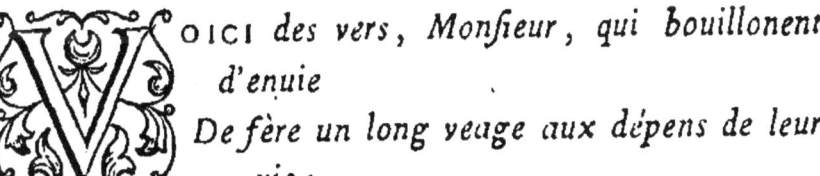OICI des vers, Monsieur, qui bouillonent
d'enuie
De fère un long veage aux dépens de leur
vie ;
Ils veulent voir le monde & leur témérité
Veut singler jusqu'aux yeux de la postérité.
Rien ne peut retenir leur audace effrontée ;

Le Conseil en est pris, la pierre en est jettée.
L'entreprise est loüable & le fruit savoureux,
Mais le vent est contraire à leur cours genereux.

Des-Hameavs, qui pouvés, de vos grâces infuses,
Animer leur dessein en faveur des neuf Muses,
Prêtes ici l'aureille & fètes que leur cours
Puisse trouuer en vous leur esperé secours.
Faites que vôtre nom tout brillant de lumiere
Eclére en cet endroit leur fortune premiere,
Affin que comme ils sont sous votre nom conçeus,
Ils soient au gré du monde humainement reçeus.
C'èst de vous seulement de qui leur fruit procede.
Si leur belle entreprise heureusement succede
Et si, pour le respect de votre cher support,
Leur vaisseau seurement peut surgir dans le port.

Le vent de vos faueurs animera leur voile,
Vòtr' aspect gracieux leur seruira d'étoile,
Vôtre bonté prendra le gouuernail en main,
La mer sera plus calme & le ciel plus serein.
Malgré les tourbillons de l'âpre medisance,
Malgré le temps couuert de l'oscure ignorance,
Malgré tant d'enuieux, malgré tant de jaloux,
Ils passeront partout, étant poussés de vous.
Rien ne peut s'opposer au cours de leur veage;
Rien ne peut traverser leur indonté courage.
La crainte fera place à leurs desirs ardans,
Ils reuiendront chargés de lauriers triomfans;
Targuant de vos faveurs le sujet de mes œuvres,
Ils fausseront l'horreur des sifflantes couleuvres,

Ils vaincront le danger des syrtes coniurez,
Ils rompront le peril des rochers Cafarez;
Ils braveront l'appât des trompeuses sirènes,
Ils franchiront l'ecueil des Sylles inhumaines,
Ils fouleront aux pieds les critiques mutins,
Ils reduiront en rien leurs effors clandestins.
 Ainsi, parmi l'horreur des discordes civilles,
Qui troubloient le repos de nos Françoises villes,
Le Roi, qui vous aimoit comme vn père son fils,
Vous fit de cette cour le fidelle Typhis,
Lorsque la pauvre France iniustement troublée
Se veid de toutes parts tristement desolée,
Lorsqu'en ce triste état vous prîtes asseuré
Son gouvernail en main & sa deffense à gré.
 Vous parûtes, au fort de ses plaintes funebres,
Comme vn astre brillant au milieu des tenebres,
Vous fendîtes les flos, vous surgîtes au port
En dépit de la ligue, en dépit de la mort.
Sur cent villes de choix vous deignâtes élire
Cette ville de Caen, où la paix se retire,
Non pour son bel accés, non pour son beau sejour,
Non pour tant de beautés qu'on remarque à l'entour,
Non pour tant de tresors dont le Ciel l'a pourveue,
Ni pour être prodigue au plaisir de la veue;
Mais pour auoir tou-jours, sans trouble & sans effroi,
Tenu fidellement le parti de son Roi.
 Ce fut là qu'à l'instant votre chere presence
Deigna faire chez moi sa douce residence,
Où vôtre beau conseil poussa mes ieunes ans

A frequenter la muſe & ſes doux paſſe-tens ;
Ce fut là qu'il vous plut diſpoſer ma jeuneſſe
Si bien en ce chemin, qu'il faut que ie confeſſe
Que ſi de mes travaux qu'elqu' effet ié rendu,
Bel aſtre, c'èt à vous que l'honeur en ét dû.
Cèt ſous cette faveur que ma muſe feconde
Expoſe librement aux yeux de tout le monde
Ce qu'vn chantre, inſpiré de la faveur de Dieu,
Entona ſur ſon lut ſur le rivage Hebreu.

L'ANGE ENVOIÉ

DE DIEV POVR AVERTIR DAVID.

D E trois fleaux que ton Dieu deſſus ton chef
    deſſerre,
Pour punir les pechez dont tu l'as irrité,
Pren de moi la famine, ou la peſte, ou la guerre,
Si tu veux appaiſer ſon courroux redouté.

RÉPONSE DE DAVID A L'ANGE.

Si, plaignant ſur mon lut mon offence inhumaine,
Mes pleurs ne peuvent pas me rendre encor' abſous,
Fay que mon peuple, ô Dieu, n'en porte pas la peine,
Ains que ie porte ſeul l'aigreur de ton courrous !

BEATVS VIR QVI NON ABIIT.

Psal. 1.

O qu'heureux ie repute vn homme dans son cœur
Qui des espris pervers n'a point suivi la trace
Et qui ne s'èt assis dans la chaire d'erreur,
Pour incliner l'aureille au gré de sa fallace;
 Mais qui d'vn soin profond & d'vn cœur relevé
Medite iour & nuit, dans son âme fidelle,
Tout ce qu'en son esprit le Seigneur a graué,
Pour conduire son âme en la vie èternelle.
 Cet homme sera tel qu'vn arbre precieux
Qui, planté de sa main sur vn plaisant riuage,
Ne craint point de l'été l'excés pernicieux
Ni d'vn fâcheux hyuer le froid porte-domage;
 Mais de qui la beauté, soit de iour, soit de nuit,
Se fait au gré de tous fecondement paroître,
Pource qu'en chaque tans il rapporte son fruit
Et ne frustre iamais l'attente de son maître.
 Telz ne seront pas ceus qui meprisent la loi
Du Seigneur qui se rit de leur vague pensée,
Tels ne seront pas ceus de qui l'inique foi
Comme poussière au vent se verra dispersée.
 Et lorsque Dieu viendra, sous vn voile serein,
Iuger tous les humains de la terre feconde,

Le mechant, plein de honte & de regret tout plein,
N'ofera s'approcher des juftes de ce monde.

Car le grand Dieu du ciel conoit le vray chemin
De ceux qui dans leur cœur n'ont la fraude fuiuie;
Mais l'injufte on verra fuccomber à la fin
Dans le mechant chemin de fon inique vie.

ATTENDITE HÆC OMNES.

Psal. 78.

Si vous n'avez l'aureille entierement bouchée,
Si votr' âme iamais de mes vers fut touchée,
Prêtez ici l'aureille, ô mortels égarés!
Vous, hoftes des forets, vous troupe vagabonde,
Vous qui viués dans l'air, vous citoyens de l'onde,
Ecoutes ces difcourz qui vous font préparés.

Pourquoi vous perdez-vous, pauure troupe abufée,
Pour vn bien qui fe paffe, ainfi qu'vne rofée,
Qui fe perd en naiffant au leuer du foleil?
Puifque comme tous nus vous venés fur la terre,
Alors que dans fes fers la Parque vous enferre,
Vous deués retourner tous nus dans le cercueil.

Soit que la pauvreté triftement t'importune
Que tes coffres, bâtis par les mains de fortune,
Succombent fous le faix de l'argent & de l'or,
Je te veux élargir, du profond de mon ame,

Ces oracles sacrés, cette diuine flame
D'où iè tiré ces vers & ces discours encor.

 Si tu veus selon Dieu vivre vne heureuse vie,
Purge ton cœur de haine & ton âme d'enuie,
Méprise la richesse & sois content de peu.
Celui qui n'a souci que d'amasser au monde
Et qui son vain espoir sur la richesse fonde,
Se void privé de l'heur de la gloire de Dieu.

 Le frère, bien que riche & quoi qu'il puisse faire,
Par la force de l'or ne sauve pas son frere
De la mort qui se rit de tant de vains tresors,
Et si tot que sa main a borné tes iournees,
Rien ne peut émouvoir les fières destinees
A joindre de rechef nos âmes dans nos cors.

 Tout ainsi que l'humeur du Printans agréable
Ne peut pas empêcher que l'Hyuer domageable
N'efface de ses fleurs & la gloire & l'honeur.
Les biens en sont de même & ceux qui les possedent
Ne peuvent empêcher qu'à la fin ils ne cedent
A la force du tans, qui s'en dit le seigneur.

 Le tens maîtrise tout; la richesse incertaine,
Que l'home avare acquiert auecques tant de peine,
Lui fét fére naufrage & le va décevant.
Tant de vaines beautez, tant d'âmes abuzées,
De fard & de perfum, de perruques frizées,
Glissent vers le tumbeau plus vite que le vant.

 La mort come aux chartiers aux grands rois èt égale;
Rien ne peut eviter sa puissance fatale;
Ainsi que le plus fol le plus sage elle abbat.

Rien qu'vne vaine gloire après nous il ne reſte.
Tout le bien qui provient de la fraude moleſte,
Retourne par aſtuce & s'enfuit par debat.
 Les ſuperbes palais, les Louvres magnifiques,
Bâtis iniuſtement par iniuſtes fabriques,
Se détruiſent bien-tôt par le tens limité,
Et de tant d'ornemens dont ilz font tant de gloire,
Il ne reſte au ſuccèz de leur vaine memoire
Que le nom ſeulement d'avoir vn iour été.
 Vn chacun a ſon tour; & la fin de la vie
Se void de peu de iours dans le monde ſuivie :
Eterniſer ſa gloire èt acte de vertu.
Maints fils des Dieux ſont morts ſous les cendres de Troye;
Sarpedon tout diuin, paſſant la mème voie,
Se veid avecque Turne à la fin abbatu.
 Que ſervent aux mortels les pompes ſouveraines,
Les titres, les grandeurs, les richeſſes mondaines
Et de rendre ſon nom admirable en tous lieux,
Puiſque ces vanités, de la Parque ſuiuies,
Gliſſent en vn moment, tout ainſi que nos vies,
Sous le poudreus ſeiour du tumbeau tenebreux?
 Ces ſuperbes beautés, ces ieunes damoiſelles
Qui n'ont point d'autre ſoin que de ſe fére belles
Outre ce que le ciel leur a doné de beau,
Le mème ciel, jaloux de leur outrecuidance,
Les rend en peu de tens ſi laides d'apparance
Qu'elles ſemblent des cors retirés du tumbeau.
 Leurs blonds cheveux friʒés, leurs perruques poudrées
Vont perdant leurs beauteʒ à l'amour conſacrées,

Lorsque le temps détruit l'yuoire de leur front;
Leurs beaus yeus qui donnoient tant d'amoureus alarmes,
Ne distilent que cire & ne iettent que larmes,
Témoins extérieurs du regret qu'elles ont.
 Leur sein devient tout sec & leurs gorges fletries,
Leurs tetons, tout ainsi que des pomes pourries,
Leurs dens changent en os leurs perles d'Orient;
Leur discours, dont Amour s'entretenoit lui-mème,
Change en tristes regretz leur bien dire suprème,
Et ne faict qu'appeler la mort à tout moment.
 Tout plaisir leur déplait, se voiantes déplére
A cent brusques amans qui pouvoient satisfaire
Aux desseins amoureux de leurs ieunes amours.
Le foyer est le bal, où leur ame oppressée
Regrette jour & nuit leur jeunesse passée
Et submerge en leurs pleurs le reste de leurs iours.
 Aussitôt que la Mort fauorable à leurs plaintes
Rend auecques leurs iours leurs angoisses éteintes,
Leur cors n'est pas si tôt dans la terre porté,
Que les vers, poursuivans leurs carcasses affreuzes,
Dévorent, comme loups les brebis langoreuzes,
Tout ce qui reste plus d'vne si grand' beauté.
 Des cieux étincelans, l'éternelle attrempance
Des mânes droituriers nourrira la sustance,
Sous l'vtile rapport de ses saintes liqueurs;
Come on void au matin l'aurore bigarrée
Mèler, sur le milieu d'une agréable prée,
La beauté de ses rays à celle de ses fleurs.
 La vieillesse & le tans détruiront la malice

D'vn tas de vains bouffons, qui, dignes de fupplice,
Penfent faire la barbe aux homes de vertu;
Et moi qui réchappé des abîmes du monde,
Dieu fans fin me maintient, Dieu toû-jours me feconde,
Relevant de tout point mon courage abbatu.

 Ne te fâches pourtant & ne portes envie
Aux homes mal-vivans fi, durant cette vie,
Superbes tu les vois en habits diffolus;
Car comme fous l'exces l'home fouvent fuccombe,
L'orgueilleux fous le faix de fa richeffe tombe
Dans les gouffres ardens des abîmes reclus.

 Ces ieunes eventés qui, manques de courage,
S'efclavent dans les loix d'vne beauté volage
Sous ombre d'vn plaifir qui paffe come vent,
Tandis que dans un bal ilz s'amuzent à rire,
Ils ne connoiffent pas l'erreur qui les attire
Dans un Enfer de pleurs & de gemiffement.

 Lors, quand ils font tombés dans cet horreur profonde
Où le père du iour ne fait iamais fa ronde,
Ils fentent iour & nuit mille morts fans mourir.
Leur ris se change en pleurs, leur plaifir en furie,
Si que de tant d'ébas qui contantoient leur vie
Ils ne remportent rien qu'vn fâcheux repentir.

DOMINVS REGIT ME.

Psal. 23.

Povrqvoi, *chiens enragez, pourſuivés-vous mon âme?*
Pourquoi vomiſſez-vous votre inutile flâme
    Sur le roc de mon cœur?
Puiſque, comme vn Paſteur qui ſuit ſa bergerie,
Dieu m'aſſiſte & me paît auſſi-tôt que je crie
    Sa divine faveur?

  Maintenant, franc d'ennuis & de ſoin tout deliure,
Conſolé de mon lut, couché deſſus mon livre,
    Ie vi dans ces deſerts,
Qui bigarrés de fléurs, de bois & de rivages,
Soment tous les oiſeaux d'accorder leurs ramages
    Aux accens de mes vers.

  Tantôt, parmi les chams tapiſſés de verdure,
J'exerce mon eſprit ſur la ſaincte lecture
    Des volumes ſacrés,
Tantôt, ſur le cryſtal d'vne ſource ſacrée,
Je poſſede vn repos qui doucement récrée
    Mes membres haraſſés.

  Ce paſteur des vivans, ce Soleil de juſtice,
Me voyant fourvoyer dans l'oſcur precipice
    De mille adverſités,
Soigneus de mon ſalut & propice à ma veue,

Remet au vrai chemin mon âme dépourveue
  De ses saintes clartez.
Tandis qu'vn bel espoir conduira ma pensée
Sous l'écluir de sa grace en mon cœur élancée,
  Rien ne peut me torner,
Et quand même la mort (qu'on sçait irremissible)
Voudra dessus mes iours bander tout son possible,
  El' ne peut m'étoner.
Cèt toi, Seigneur, cèt toi qui de-metz salutaires
Charges abondamment nos tables ordinaires,
  Et qui, d'vn soin diuin,
Perfumes notre chef de senteurs agréables,
Qui remplis de troppeaux nos pâtis delectables,
  Et nos tasses de vin.
Ie me gausse, tandis, de ces gens pleins d'envie
Qui crèvent de dépit, cependant que ma vie
  Possede ce bon-heur,
De suivre heureuzement cet espoir qui m'asseure,
De vivre pour jamais où ta gloire demeure
  Franc de toutte douleur.

SVPER FLVMINA BABYLONIS.

PSAL. 137.

Loin de notre patrie & couchez sur le fleuve
 Dont l'étrange terroir de Babylon s'abreuue,
Songeans au sort piteux de la triste Sion;

— O chétive Sion! dîmes-nous a nous-mêmes,
Las! où sont maintenant tant de beautez extrèmes
De qui l'heur surpassoit toute autre nation?

Nos larmes s'écouloient sur nos faces contraintes,
Nos soupirs s'opposoient au son de nos complaintes,
Nos luts étoient pendus aux saules écartés;
Ceux qui nous contemploient dedans cette contree,
S'ils n'avoient l'esprit trouble & la veue égarée,
Se perdoient en l'état de nos calamités.

Ce courage animé qui nos cœurs désanime
Et prive de tout bien l'oppulente Solyme,
Nous vouloit faire rire en pleurant nos mal-heurs.
Ceux qui nous ont banis d'vne terre si chere,
Pour vne terre, hélas! qui nous est estrangere,
Desiroient des chansons du regret de nos cœurs.

Hélas! come aurion-nous, dîme-nous, ceste envie,
Après que vous auez notre terre ravie,
De chanter des chansons au gré de vos dezirs?
Babylon, dîmes-nous, est-elle point contente,
D'avoir nos pauvres cœurs privez de toute attente
Sans vous plère en l'excès de tant de déplèsirs?

O Solyme! ô palais, ô temples venerables!
Simulacres sacrés! beautes incomparables!
Si iamais ie m'oublie en votre souvenir,
Si je cesse iamais de chanter votre gloire,
Si vos iustes honeurs partent de ma memoire,
Mon corps puisse immobile à l'instant devenir!

Iamais mon lut ne puisse à ma voix se re-joindre,
Mon pauvre cœur iamais ne cesse de se plaindre,

Ma langue en son palais puisse encore secher,
Puissent mes tristes yeux se changer en fontaines,
Puissé-ie tant pleurer le sujet de mes peines
Qu'onques mes tristes pleurs ne puissent s'étancher!

   Seigneur! ressouvien-toi de la gent Idumée,
Lorsqu'elle vomissoit cette voix animée
Sur Sion dont tu vois le triste changement.
Sus! froissez (disoient-ils) & razés jus-qu'aux herbes
Ces palais relevez, ces bâtimens superbes
Tant qu'à peine le nom leur reste seulement!

   Toi, fière Babylon, qu'on verra pour tes vices
Succomber sous le faix de tes propres malices;
Quand chacun à son tour de ton sort se rira,
Heureux qui, te rendant ton change à double vsure,
T'arrachera des mains ta propre géniture
Et qui contre vn rocher leur tête écrazera!

LAVDATE DOMINVM QUONIAM BONVS.

PSAL. 146.

Svs! Nourriçons sacrés du Temple de Phebus,
   Quittés ces vains sujets, quittés ces vains abus
      De ce Dieu qui vous trompe!
Quittés ce faux Amour qui vous charme les yeux,
Pour élever vos cœurs vers la face des cieux,
      Pleins de gloire & de pompe.

Quittés le fol erreur de ce Dieu qui vous poind,
Pour chanter dezormais le vrai Dieu de tout point
  D'vne voix pure & fainte;
Fétes que fon pouvoir fe remarqu' au-iourd'hui,
Digne de votre voix & votre voix de lui
  D'une façon non feinte!
 Cèt ce Dieu, dont le nom brille de toutes pars,
Qui d'exil a fauvé, par tout le monde épars
  Les triftes Abramides,
Qui les murs de Sion releva faintement,
Qui de Solyme encor repara mêmement
  Les riches pyramides.
 Cèt ce Dieu qui redone aux febles la vigueur,
Qui les douleurs appaife & purge notre cœur
  De fiel & de rancune;
Cèt lui qui fçait conter les étoiles du ciel,
Qui fçait leurs qualités, le cours effenciel
  Et le nom de chacune.
 O de quelle vigueur fon bras èt revètu!
Que fa gloire èt fameufe, & de quelle vertu
  Son courroux fe fét craindre!
Son merite eft fi grand, fon nom fi redouté,
Qu'aucun vivant efprit, en la mortalité,
  N'y peut jamais atteindre.
 Cèt lui qui le plus humble éley' aux grans honeurs,
C'eft lui qui l'entretient de fes cheres faveurs,
  En depit de l'enuie;
Cèt lui qui, fous l'éclat de fon iufte courroux,
Détruit ces vfuriers qui fuçent, come lous,

Le sang de notre vie.

Sus ! norriçons sacrés, sus chantres de Phebus,
Mariés votre voix aux accens de vos luts,
  Pour chanter les louanges
De ce Dieu qui, puissant, preside gravement
Aux mortels sur la terre, & sur le firmament
  A la troppe des Anges.

Cet lui qui rend les cieux de tenebres couverts ;
Cet celui qui de pluie arrouze l'vniuers
  De sa dextre puissante :
Qui les montaignes comble & de fruit & de grain,
Les vallons de troupeaux, les prés d'herbe & de foin,
  Dont l'home les sustante.

C'est lui qui ne se plait de voir, dans les tournois,
Tant de fols caualiers piquer sous le harnois,
  Les coursiers magnanimes
Et qui ne se delecte à voir tant de soudars
Montrer guerrierement vis-à-vis des rempars
  Leurs courages sublimes.

Ce qu'il a de plus cher cet vn cœur pur et net,
Qui l'heur de son salut sous sa puissante met
  Et qui sur lui se fonde,
Et qui dedans son cœur ne porte rien plus beau
Que de fuïr le vice & suivre le flambeau
  De la vertu profunde.

† Vous, ô tours de Solyme ! & toi, mont de Sion,
Loüés Dieu tout puissant, tout clement & tout bon,
  Qui l'accés de vos portes
Entretient de fossez ; & qui vos citoyens

Comble d'heur, de repos, d'armes & de moyens,
  Contre toutes cohortes!
 La terre, quand il veut, nous ouvre ses tresors.
La nature soumet toutes sortes d'efforts
  Sous son obeïssance;
Il va, couvrant les monts de nege ou de troppeaux;
Comme cendre il épand de la grêle à monceaux,
  Des eaux en abondance.
 Il arrête le cours des fleuves vagabons,
Sous l'extreme rigueur d'un Hyuer de glaçons
  Aux mortels redoutables
Et lui seul les fèt fondre aux vallons d'allentour,
Lorsque le beau printems nous rend à son retour
  Les eaux plus accostables.
 Par maints signes divers il montre son dessein;
Il bailla d'Abraham les lois, de main en main,
  A la race future;
Mais sa douce bonté ne feit point tant de cas
Des autres nations qui ne suivirent pas
  Les lois de la nature.

LAVDA ANIMA MEA DOMINVM.

PSALM. 145.

TANDIS que dans mon cors mon sang s'entretiendra,
 Ie chanteré de Dieu la gloire sainte & pure;
Tandis que je vivrè ma muse entonera

Ses merveilleus effets à la race future.

 Ne fonde ton appui fur la faveur des Rois,
Ni l'heur de ton falut fur un fuget de verre;
Quand ton âme s'enfuit de ton cors vne fois,
Ton corps terreftre & lourd s'en retourne à la terre.

 Tes deffeins confultés auec tant de fouci
Come pouffière au vent fe perdent dans la nuë;
O trois & quatre fois bien-heureux èt celui
De qui l'âme debile èt de Dieu foutenue!

 Qu'heureux èt celui-là qui fur cette faveur
Bâtit fon efperance & fonde fes richeffes!
Heureux qui de fa Grâce alimente fon cœur,
Et qui fe void repeu de fes faintes largeffes!

 Il a bâti le ciel & la terre & la mer,
Et ce qu'on void au ciel, fur la terre & fur l'onde.
Sa promeffe iamais ne fe verra changer
Allendroit de celui qui fur elle fe fonde.

 Il ne permet iamais qu'vn fimple home de bien
Reffente d'un tyran l'injuftice inhuméne;
Il affifte le pauvre & détruit le lien
De celui que fans caufe on met à la cadène.

 C'eft lui qui fét reuoir la lumière des cieux
A ceux qui font privés de celle de la veue;
Il redreffe les pas de l'infirme boiteux
Et veut que l'équité foit bien entretenue.

 Il decouvre la rufe & conoit la traizon
De ceux qui font métier d'affronter l'homme iufte;
Il loge l'éftranger dépourveu de maifon
Et le trete d'vn foin humainement augufte.

Il supporte la vefue & garde l'orfelin,
L'un privè de mari, l'autre privé de père;
Son œil se rend soigneux & son amour enclin
Pour conferver leur droit & règler leur affére.

 Donc, ô sainte Sion ! ton Dieu saint & sacré
Tiendra le frein diuin de ton fameux Empire,
Tant que le ciel sera d'étoiles bigarré,
Tant que l'homme y verra le beau soleil reluire.

VOCE MEA AD TE CLAMAVI.

Psalm. III.

O Tout-puissant auteur des puissances humaines,
 Ie veux bruire sans cesse, en dépit de mes peines,
Votre nom sur ma voix, sur mon lut vos honeurs,
Puisqu'au fort des travaux dont mon ame èt pressée
Votre aureille, Seigneur, s'èt doucement baissée
Pour écouter le son de mes tristes clameurs.

 Attendant que l'horreur de la nuit vagabonde
Eut fèt place au retour du grand aftre du monde,
Ie vous tendois la main sur le bord du cercueil.
Ie vous contois, mon Dieu, l'excès de mon martyre,
Ce que ma bouche, hélas ! ne pouvoit pas vous dire,
Mon cœur vous l'exprimoit des larmes de mon œil.

 En vain tous mes amis s'oppofoient à mes larmes;
Leurs confeils importuns m'étoient autant d'alarmes;
Mon cœur impatient ne respiroit qu'en vous.

Et, mèlant à mes pleurs mon ardente priere,
Il fremiſſoit, helas! d'une telle maniere,
Qu'il cedoit ſans votre aide à l'exceʒ de ces cous.

 Mon cœur retantiſſoit ſous la bruyante flâme
Que mes ardens ſoupirs élancoient dans mon ùme;
Le trouble de mes ſens me troubloit tout le cors;
Iamais le doux repos ne s'offroit à ma veuë,
Le mal fermoit la porte à ma plainte eperduë,
Et mes membres étoient privés de tous effors.

 Lors, comme hors du ſens, je faiſois en moi-mêmes
De tout le tens paſſé mille regrets extremes,
En me repreſentant votre pouvoir preſent,
Qui, favorable aux bons, aux pecheurs pitoyable,
N'abandone iamais un home miſerable,
Qui recherche votre aide au fort de ſon tourment.

 Flatté de la douceur des divines louanges,
Que mon lut inſpiré de la faveur des Anges,
Vous chantoit, ô Seigneur, ſans treve & ſans repos,
Je me brouillois l'eſprit entre tant de traverſes,
Qui faiʒoient qu'au milieu de mes peines diverſes
Je m'enportois au vent de ces triſtes propos:

 Donques le Tout-Puiſſant delairra-t-il ſans ceſſe
Mon àme à la merci du regret qui me preſſe,
Refuſant à mes cris l'acceʒ de ſon ſecours?
Sa main veut-elle point avancer dauantage,
Sa promeſſe à l'endroit de mon foible courage,
Qui paſſe en pleurs les nuits, en complainte les iours.

 Hé, quoi? le doux concert de la Muſe celeſte
Peut-il point adoucir votre ire manifeſte,

Allendroit des travaux dont je suis agité?
Sera-t-il point touché du son de ma complainte?
Verré-je point, hélas! que sa clemence sainte
Donne treve aux fureurs de son bras dépité?

   Lors mon cœur comançant lui-meme à se reprendre:
Quoi! (dit-il) ma douleur, quel chemin veux-tu prendre,
En ce fâcheux état qui t'offusque les yeux?
Veu-tu forcer les loix des fières Destinées
Qui de nœus gordiens l'vne à l'autre enchainées
Ne craignent point l'effort du tens imperieux.

   Puis tout en vn moment mon âme chancelante
Se perdant aux effots de ta dextre puissante
Se remet au chemin de la seule raison,
Puis se reconnaissant en l'ardeur qui l'abuse,
Elle va concevant au jardin de la Muse
Ces vers tout pleins de zele & pleins d'affection.

   Toi qui, du vent sacré de ta seule parole,
As composé le cors de l'vn & l'autre Pole
Et d'astres lumineux leurs palais peinturés,
Qui rens la mer féconde & la terre fertile
De tout ce que tu sçais être le plus utile,
Pour l'vsage commun des mortels égarés,

   Combien de fois, Seigneur, tandis que l'homme iuste
Eprouve de ton bras la puissance robuste
Et l'home droiturier ton secours assuré,
Combien durant ce tens, Pere doux & propice,
Et par cette clemence & par cette iustice
Nous as-tu jus-qu'ici ton pouvoir auéré?

   Eternel Créateur (dont les graces exquises

Illustrent nos desseins, guident nos entreprises)
Ce tout n'a rien si grand que grande èt ta grandeur.
Rien, Seigneur, ne t'égale & rien ne te seconde;
Cèt assez, ô grand Dieu! cèt assez que le monde
Tes merveilles admire & chante ton honeur.

 Tu rendis prou d'effets de tes vertus splendides,
Lorsque ton bras sauva les justes Abramides
Des mains de Pharaon leur tyrannique Roi.
Les fleuves te voiant s'ecarterent de crainte;
Sous l'aspect merveilleux de ta face très-sainte,
La mer s'émeut de peur & se troubla d'effroi.

 Les nuages, bouffis d'une abime de pluies,
Versoient ici des eaux d'horribles vens suivies;
Le seul bruit de la grèle étonnoit l'Vnivers;
Les rochers se brisoient sous l'éclat du tonnerre;
L'on veid l'air tout en feu, l'on vid trembler la terre
Sous l'éclatante horreur de ses foudres pervers.

 Le seiour etranger de la mer Rougissante
S'ouvrit, en ta faveur, à la troppe abondante
De cent mille mortels qui marchoient au milieu;
Puis resserrant soudain ses vndes pacifiques
Rauit les chariots des bandes Pharoniques,
Qui poursuivoient à tort cette troppe de Dieu.

 Lors, ainsi qu'un berger qui son troppeau ramene,
Marchans sous la faveur de ce Dieu qui les mène,
Moïse ainsi qu'Aron ramènent leur trouppeau,
Qui, ministres sacrés de la loi Hébraïque,
Réchappent de la main de ce Roi tyrannique
Et passent à pied sec par le milieu de l'eau.

SONETZ SPIRITVELZ.

I.

Puisque l'home pécheur n'èt qu'vn sale vaisseau,
Pourquoi l'emplissés-vous de votre amour sacrée ?
Puisque l'homme, ô Seigneur, à vos yeux desagree,
Pourquoi l'éclerés-vous de votre doux flambeau ?

Puisqu'il vous a laissé, pourquoi, tout de nouveau,
Recerchez-vous, hélas ! sa pauvre âme égaree ?
Puisque l'homme pécheur au péché se récree,
Que ne l'engouffrez-vous au profond du tumbeau ?

Cèt d'autant, ô Seigneur, que tes grâces sont telles
Qu'il trouve, en recerchant leurs bontez naturelles,
Le sujet de sa vie au sujet de sa mort.

Mais si de les gaigner il perd la même envie,
C'èt lors qu'il trouvera, bien que proche du port,
Le naufrage imprévue de sa dolente vie.

II.

Avez vous point, Seigneur, mon âme assez puni
Du péché dont elle èt si vivement atteinte,
Sans me fermer l'accez de votre aureille sainte
Dont votre œil m'a rendu si longuement bani ?

Mes pleurs m'ont de tout point le visage terni;
La douleur rend ma langue à ma bouche contrainte;
Mon âme s'affeblit en l'excez de ma plainte
Et de toute vigueur mon corps èt degarni.
   Ne trouuez donc mauvais si mon ame étonee
Pleure aprez vous, Seigneur, come une Cananee;
Forcé de la rigueur de mon cruel destin,
   Permettez qu'en mes pleurs ma peine s'adoucisse.
Ou, si vous desirez que mes pleurs prennent fin,
Fètes qu'en mes travaux votre couroux finisse.

III.

Jésus, fils de Dauid, ayez de moi pitié!
Que ie sente aujour-d'hui votre misericorde!
Par votre passion, dont mon cœur se recorde,
Purgez moy des péchés dont je me sens lié,
   Puis-qu'en votre bonté je me suis confié,
Fètes qu'à votre gré tout mon plaisir s'acorde;
Purgez si bien mon âme, ô Pere de concorde!
Qu'elle puisse gaigner votre sainte amitié.
   Fètes, fètes, ô Dieu, qu'en plein cham de bataille
Ie donte le péché qui sans fin me travaille,
Marchant sous la faveur de votre nom sacré;
   Afin que ie consacre au ciel de votre gloire
Tant de riches lauriers que ie remporteré,
Si jamais j'è l'honeur de gaigner la victoire.

IV.

Pour s'être dégoûtez de la manne celeste
Votre ire châtia le peuple d'Israël,
Lorsqu'vn feu de serpens, horriblement cruel,
Consomma la plus-part de leur troupe funeste.

 Pour appaiser, Seigneur, ce feu qui les moleste
Moyse fit bâtir ce serpent solennel,
Qui garissoit tous ceux qui d'un œil naturel
Regardoient sa façon si douce & si modeste.

 Pour avoir, ô Seigneur, abbuzé de ce pain,
Qui rend le sain malade & le malade sain,
Selon que bien ou mal on le prend dans son âme,

 Je senti du péché la brulante fureur ;
Mais lorsque mon cœur fut remis en votre grace,
Votre grace, ô mon Dieu, s'èt remise en mon cœur.

V.

Ie ne merite pas, ô Sauveur de mon âme,
Que votre cors sacré loge dessous mon toict ;
Mais dites seulement le mot en cet endroit ;
Vous guérirez le mal qui iusqu'au vif l'entame.

 Entre vos mains, Seigneur, mon esprit ie reclame,
Que vous avez remis en son chemin plus droit.
O Dieu de vérité ! quiconqu' en vous ne croit
Est bien digne de vivre en l'éternelle flâme !

Sacré cors de Jesus, divin sang de mon Dieu,
Preservez mon esprit & mon cors en tout lieu
Et me fètes iouir de la vie éternelle :
   Faites que je m'extaze en votre souvenir,
Et si mon cœur iamais contre vous se rebelle,
Puisse-t-il immobile à l'instant devenir !

VI.

Lorsque le beau Printems nous ouvre ses richesses,
Le ciel se rend serein & l'air lui fait la cour ;
La terre d'un bon œil lui done le bon-iour ;
La mer lui fait present de ses douces largesses.
   Les poissons sous les eaux lui font mille caresses,
Les oiseaux dedans l'air benissent son retour ;
Mille ieunes amans, touchés d'vn vif amour
Ne parlent que de ieux, d'amours & de maitresses.
   Les neiges, les glaçons, les vens pernicieux
Qui diffamoient la mer, l'air, la terre & les cieux,
Font place aux doux accez de cette bien-venue.
   Ainsi, lorsque ton cors rentre chez moi, Seigneur,
L'horreur de mon péché se perd dedans la nue
Et mes plaisirs refont leur Printens dans mon cœur.

VII.

Naguere vn grand banquet en songe j'apperceu,
Où mille esprits divers également souperent ;

Pauvres, riches, boiteux, ſains, mal-ſains ſi trouverent
Et l'vn ainſi que l'autre y fut le bien-venu.

 Rien de plus ſumtueux iamais ie n'auois veu;
Les chantres que j'y vis tous mes ſens étonnerent;
Bref tous les conviés ſi bien ſe contenterent,
Qu'vn chacun de tout point s'en alloit bien repeu.

 Comme j'eus conſulté l'oracle ſur ce ſonge:
Ce banquet, mon ami, ce n'èt pas vn menſonge;
Le maître du ſouper c'èt ſe Dieu tout clement;

 Ces boiteux que tu veis ſont autant de coupables;
La table c'eſt l'Autel; le pain, ce Sacrement
Dont chacun d'eux purgeoit ſes péchez miſerables.

VIII.

 Puiſqu'il t'a plu loger dans l'horreur de mon ame,
En dépit de la honte où, Seigneur, ie me vi,
Quel eſprit ſi groſſier n'avoura, tout ravi,
L'effet de ta bonté qu'en ces vers je réclame?

 Sur le point que mon œil plain d'erreur & de blame
Aperceut ton ſaint cors (ton cors par qui je vi)
De telle honte, hélas! mon cœur ſe veid ſuivi
Qu'auſſitot que j'y ſonge à l'inſtant je me pâme,

 Hé! ſe pouvoit-il voir vn plus villain ſejour,
Qu'vne ame où le péché s'attachoit nuit & jour,
Pour l'infecter d'ordure & l'emplir de fallaces?

 Nani, Seigneur; mais lorſqu'entré dans un tel lieu
Tu daignas au dedans l'enrichir de tes grâces,
Tes grâces l'ont rendu digne du fils de Dieu.

IX.

Hélas! que vous entrez dans vn pauvre logis,
Seigneur, qui meritez un Louvre incomparable!
Que vous entrez, hélas! en vn lieu miserable
Au prix de vos Palais d'inestimable prix!

Le porfire, la bronze & les marbres cheris
N'illustrent pas, Seigneur, ce lieu desagréable;
Vos yeux n'y verront pas ce lustre inimitable
Dont les Rois de la terre étonent nos esprits.

Mais d'autant que l'humeur de votre grand'clemence
Prefère la simplesse à la vaine apparence,
Et celui dont le cœur marche sous votre loi;

O Dieu, de qui ié pris mon être mon visage,
Vous offrant humblement ce cœur que je vous dòi,
Que scauriez-vous, helas! desirer d'avantage?

X.

Tout ainsi qu'en son cœur la triste Madelaine
Lamenta ses péchés en l'auril de ses ans,
Ie soupire au plus verd de mon jeune printans,
D'vn cœur de qui mes yeux font sourdr' vne fontaine.

Puissé-je tant pleurer le suiet de ma peine,
Que mon péché s'emporte en mes pleurs violans!
Puissé-je tant pleurer, que mes soupirs ardans
Soient le vent qui chez vous mon esperance meine.

Puiſſé-je tant mon ame arrouzer de mes pleurs,
Qu'elle puiſſe produire vn beau printems de fleurs,
De qui l'odeur parvienne au ciel de votre grâce !
 Fai, Seigneur, cependant que mon cœur endurci
Soit le roc ſolitaire où tout mon tens ſe paſſe
A faire penitence & pleurer mon ſouci.

XI.

O Seigneur, je vous loue & mon cœur vous rend grâce
Des faveurs qu'au iour-d'hui votre bonté m'a fét,
Daignant de votre cors, tout ſaint & tout parfét,
Repaître vn cœur tout plein d'erreur & de falace.
 Pour vn ſi digne honeur faites qu'en toute place,
Ma muſe n'ait iamais de plus rare ſuiet,
Que ce divin repas dont ie ſuis ſatisfait,
Et qui fait qu'en tous lieux votre amour ie pourchaſſe.
 Puiſque par ce moien ie me ſens tout purgé
De tant de vieils péchex qui m'ont tant outragé
Faites qu'en votre Amour ſans ceſſe ie ſeiourne ;
 Faites que dans le Ciel ie fonde mon recours,
Ou s'il faut qu'en péché ma pauvre âme retourne,
Que votre Grâce alors retourne à mon ſecours.

XII.

Puiſ-que l'humilité ſe plait en votre grace,
Puiſ-qu'en l'humilité votre grace ſe plait,

*Je vous offre, Seigneur, vn cœur qui se repait
De l'objet bien-heureux de votre sainte face.*

*Faites qu'en mon esprit l'orgueil n'ait point de place,
Que la simplicité, dont mon cœur se revêt,
Soit le plus beau tresor & le plus riche acquêt
Que ie puisse laisser à l'espoir de ma race!*

*Hé! quel plus grand tresor, en ce mortel seiour,
Que celui qui nous mene au ciel de votre amour;
Puisque vous avez dit, de votre propre bouche,*

*Que vous aurez pitié d'vn cœur plein de peché,
Pourveu qu'étant contrit, au regret qui le touche,
Il se fâche, ô Seigneur, de vous auoir fâché.*

XIII.

*Ie suis si déplaisant de vous avoir déplu,
Que ie n'ose approcher de votre table sainte;
Ce regret à mon cœur done vne telle atteinte
Qu'il devient tout confus au plus fort de mon vœu.*

*La crainte me retient; mais sachant, ô mon Dieu,
De combien votr' amour êt plus grand que ma plainte,
Mon cœur reprend courage &, malgré toute crainte,
Se remet au chemin de ce mystique lieu.*

*Bien que mille pensers s'opposent à ma flâme,
Lorsque votre saint cors deign' entrer en mon âme,
Je le reçoi pourtant d'vn cœur tout plein de foi;*

*Et come le soleil tous les ombres efface,
Seigneur, quand votre cors daigne loger chez moi,
Tous mes péchés s'en vont & vous quitent la place.*

2.

XIV.

Qui veut conter, Seigneur, le nombre de mes peines
Et l'incroiable excez de mes pechez cuisans,
Qu'il conte la verdure & les fleurs du Printens,
Qu'il conte le poisson des undes inumaines ;

Qu'il conte les flambeaux des voutes souveraines,
Qu'il conte de l'Hyver les glaçons violans,
Qu'il conte de l'Esté les épis jaunissans,
Et de l'Autone encor les fueilles incertaines.

Qu'il conte les éclairs qu'enfante le tonnerre,
Les animaux de l'air, les humains de la terre,
Qu'il conte les mal-heurs de ce siecle de fer ;

Qu'il conte des pervers l'excessive abondance,
Qu'il conte vn tas de lous qui dignes de l'Enfer
Ont chancré juſ-qu'aux os les membres de la France.

XV.

Pren courage, mon àme, & ne t'afflige point
De voir tant de voleurs prosperer en leur vie ;
Ne te courouce point, si l'home plain d'envie
Se rit, dedans le cœur, du souci qui te point.

Soit que tout l'heur du monde a son gré soit conjoint,
Soit qu'il marche superbe où l'honeur te convie,
Sa fiere ambition d'un pire sort suivie
Le fait en vn moment trebucher de tout point.

Tel, de qui la fortune aueuglément ſe ioue,
S'éleve en peu de tens au plus haut de ſa roue,
Qui ſe void à l'inſtant broncher devant tes yeux.
　　Mais l'homme et ſi puiſſant, qui ſur ſon Dieu s'aſſure,
Que les Rois de la terre & les Anges des cieux
Ne ſcauroient ſouhéter de fortune plus ſeure.

XVI.

　　O Dieu, de qui les Rois adorent la puiſſance
Et de qui la faveur encourage les Rois,
Conforme, s'il te plaiſt, au patron de tes lois
Le repos de l'Egliſe & l'Eſtat de la France!
　　Fai, Seigneur, deſormais que ſa ferme conſtance
Fructifie en la fleur du Monarque François;
Fai que ſon cœur s'vniſſe au doux air de ſa voix
Et que ſa voix s'accorde à ſon obéiſſance!
　　Par toi, ſon juſte bras a détruit ces Lions,
Qui du ſang des François ſoûloient leurs paſſions;
Par toi, ſon heur maintient le repos de nos villes.
　　Fai, Seigneur, cependant, que ſa chere faveur
Purge nos triſtes chams d'vn enfer de chenilles
Qui raviſſent les fruits de nos iuſtes labeurs,

XVII.

　　Lorſqu'vn Apotikaire, actif deſſur le lucre,
Offre un ſâcheux bruvage à qu'elque patient,

Il cache la coleur dans un gobeau d'argent
 Et couvre l'amertume avec vn peu de sucre.

 Maint esprit de ce temps (dont l'humeur sent le mucre)
 Pour tromper le public cet artifice prend,
 Lui faisant aualer ce mortel accident
 Qui met son bien en proie & son cors au sepulcre.

 Vn courtaut de boutique, vn grand sot, vn gros âne,
 Caché sous la faveur d'vne riche sotane,
 Affrontera, s'il peut, vn plus digne que lui.

 Voilà du tens qui court les beaux Apotikaires,
 Qui, norrissans leurs hoirs dessus la mort d'autrui,
 Portent de nos deffunts les riches luminaires.

XVIII.

 Cependant que Phébus, qui done vie au monde,
 Par la plaine des cieux son char promenera;
 Cependant que Cerez la terre norrira,
 Cependant qu'en poisson Thetis sera feconde;

 Cependant que Venus, qui done vie au monde,
 Aux amans desolez facheuse se verra;
 Cependant que dans l'air Iupiter tonera;
 Tant que Pluton vivra dans sa cave profonde;

 Tant que Mars norrira la valeur des François,
 Tant que Diane encor chassera dans les bois,
 Votre parole, ô Dieu, se verra véritable;

 Votre immense bonté consolera les cœurs
 De ceux qui, recerchans votr' amour charitable,
 Ont blessé votre gloire & souillé vos honeurs.

XIX.

Le malade, vaincu du torment qui le touche
Iufqu'à l'extremité de son trepas prochain,
Ce qu'il a de plus cher cèt de voir tout foudain
Vn medecin affis au côté de fa couche.

Ne lui pouvant conter fa douleur par fa bouche,
Il l'exprime de l'œil qui, de larmes tout plein,
Eft le vrai truchement & l'vnique témoin
Du mal qui de fon cors fait vne pauvre fouche.

Enfin le mal eft tel que le fucre candin,
Le féné, la rubarbe & l'art du medecin
Sont contraints de le rendre entre les mains du prêtre ;

Ainfi mon mal eft tel que les vivres plus dous
Ne pouvant plus, hélas ! mon pauvre cors repaître,
Forcent mon âme, ô Dieu, d'avoir recours en vous.

XX.

Lorsque l'air d'vne ville èt de pefte infecté,
L'on prend, pour fe garder de fon feu qui nous tue,
La racine angelique, ou la feuille de rue,
Ou quelque autre remede vtille à la fanté.

Marchant parmi l'horreur de ce fiecle pefté,
Qui rend par fon accez toute ame corrompue,
Mon cœur contre ce mal tellement s'évertue,
Que iamais de cet air ie ne fuis furmonté.

Cette peste, ô Seigneur, c'èt l'humeur de ce tans;
Ce sont ladres, punais, corrompus charlatans,
Traîtres, gueux enrichis, ignorans & superbes.

Vos grâces, dont mes sens contre eux sont preseruez,
Sont les eaux, les vnguens, les drogues & les herbes
Dont je peus tout partout leur faire vn pié de nez.

XXI.

Quèt'-ce que de ce monde? vn peinturé Théatre,
Où chaque personnage vn chacun va iouant.
Tel represente un roi, qui n'èt qu'en vain croquant,
Tel un sage Platon, qui n'est qu'un sot emplâtre.

Tel croit voir Iupiter qui ne void que du plâtre,
L'autre vn château superbe & ne void que du vent.
L'vn pleure, l'autre rit; l'vn acquiert, l'autre vend;
L'un fait de l'étourdi, l'autre y fait du folâtre.

Vn grand flasque, abusant d'vne iniuste fortune,
Et qui pense monter au-dessus de la Lune,
Se void soudain reduit au fort de Lucifer;

Vne vieille usuriere y couvant ses pistolles
Pense par son argent s'exanter de l'Enfer,
Qui se void au milieu des infernales geolles.

XXII.

Ainsi que saint Estiene, au fort de son martyre,
Ne trouvoit rien plus mol que les rudes caillous;

Ainſi que ſon eſprit exaltoit ſous les cous,
Fondé ſur votre grâce où ſa vertu ſe mire ;
   Ainſi, Seigneur, ainſi mon âme qui n'aſpire
Qu'au ciel de votre gloire & qui ne croit qu'en vous,
Ne trouve rien plus mol, ne trouve rien plus doux
Que les afflictions de ce terreſtre Empire.
   Comme, par le moien des tourmens de ſon cors,
Ce martyr s'èt acquis dans le ciel maints tréſors,
Qui le rend adorable aux yeux de tout le monde,
   Fai que ie ſouffre tant, en ce ſiècle de fer,
Que je gaigne la grâce où tout mon cœur ſe fonde,
Pour ne ſouffrir iamais les peines de l'Enfer.

XXIII.

Lorſqu'un chien s'affriande à courir le mouton,
On le lie, on le porte en la proche rivière ;
On lui pend ſous le col une pierre fûtière,
Puis on le jette à l'eau d'vne étrange façon ;
   En vain il ſe travaille en cette affliction ;
Quand il penſe avancer il retorne & s'arriere ;
La courante l'emporte & la parque meurtrière
L'engouffre, en fin de conte, aux gouffres de Pluton.
   L'uʒurier, qui ſe plait à chancrer le pouure homme,
Se trouve au même état, lorſque la mort le ſomme
De rendre à cent pour cent l'intérèt qu'il a pris.
   Il ſe travaille en vain ; ſa bourſe inſatiable,
Qui penſoit obliger le Diable au même prix,
Eſt celle qui l'oblige à l'vſure du Diable.

XXIV.

Flatter vn glorieux dont l'on ét outragé;
Avaller fous du fucre vn venimeux breuvage;
N'ozer pas fe complaindre & fentir de l'outrage;
Vn chancre entretenir, par qui l'on ét mangé;

S'efclaver fous vn fat qui nous eſt obligé
Et qui (fauf fon habit) nous doit porter homage;
S'affurer en celui qui, fous vn doux langage,
Aguize le deffein de fon cœur enragé;

S'humilier aux piés d'un fardé freffurier;
Voir vn âne, vétu d'vn habit d'officier,
Se gratter plus fouvent où le moins on fe mange;

Bref faire du muet, de l'aveugle & du fourd;
Adorer bien fouvent vn Diable pour vn Ange;
Voilà, Seigneur, voilà l'humeur du temps qui court.

XXV.

Qu'ét-ce que l'or du monde? vne maſſe pierreuſe,
Rude & defagréable au fouhait de nos yeux;
Ce n'eſt qu'vn vain fardeau, fi l'art ingénieux
Ne purge par le feu fa beauté precieuſe.

Qu'eſt-ce que l'or en œuvre? vne aſtuce pipeuſe,
De qui l'éclat deçoit nos eſprits curieux,
Qu'ét-ce que l'or en œuvre? vn voile captieux,
Sous qui cache Sathan fa rufe cauteleuſe.

Qu'èt-ce qu'vne beauté sans grace & sans esprit?
C'èt vn sot medecin qui de rien ne garit ;
C'est sans sucre & sans drogue un pauvre Apoticaire.

Qu'èt-ce qu'une beauté plaine d'inventions ?
Vne douce amertume, vne douceur amere,
Dont Amour entretient nos foles passions.

XXVI.

Execrable vsurier, qui tires, come au blanc,
Sur l'excessif amas d'vn tresor perissable,
Qui, tenant vn pauvre homme en ta bûche execrable
Ne te lasses iamais de lui sucer le sang.

Tu ressemble à celui qui, pèchant un Estang,
N'i laisse que de l'eau, du grauier & du sable,
Lorsqu'en ton cabinet ton âme insatiable
Epuise tous les iours chacun selon son rang.

Mechant gouffre d'Enfer, infernale san-sue,
Qui ne vis qu'en ce feu dont ton âme èt repue,
Comme la Pyralide au milieu d'un brazier.

Voi-tu pas comme Dieu, dans ces tèrmes, te blame :
Hé ! que sert (ce dit-il) au mechant Vsurier
De gaigner tout le monde en perdant sa paüvr' âme ?

XXVII.

Souvent ils m'ont brassé maint' embûche inu'mène,
Depuis que mon enfance eut salué le iour,

Tant que leur cruauté, plus fiere qu'vn vautour,
Rendoit mon cors malade & mon âme malfaine.

Ié fouffert iufqu'ici cette angoiffeufe peine,
Qui m'a prefque réduit iufqu'au mortel feiour,
Où tant d'efprits divers, fans efpoir de retour,
Ne vivent que du vent d'vne efperance vaine.

Mais fçachant que mon mal ne vient que d'vne erreur
Qui m'a fait mainte-fois blafphèmer votre honeur,
Prenez, hélas ! mon Dieu, pitié de mon offence,

Ou fi j'invoque en vain votre nom irrité,
Chatiez-moi felon votre grande clemence
Et non pas, o Seigneur, come ié merité.

PRIÈRE A DIEV POVR LE MATIN.

STANCES.

Seignevr, le iour s'avance ; & m'avançeant à vous
Puiffé-ie en votre honeur, commencer la iournée !
Puiffe-ie y faire voir, ô Seigneur ! devant tous
Mon deffein comencé, mon œuvre terminée.

Ainfi que le foleil, par fon divin flambeau,
Fait naître au mois de Mai mille beautez propices,
Votre accez, ô mon Dieu, fi propice & fi beau,
Fait germer dans mon cœur un prin-tens de delices.

Quand le foleil fe leve, il diffipe la nuit ;
Quand votr' œil m'apparoit mes inquiétudes ceffent ;

Si tôt que la nuit vient, le beau soleil s'enfuit ;
Quand le péché me suit vos graces me r'adreſſent.
　Au lever du soleil, l'image de Memnon
Nous produit des effets & nous fait des miracles ;
Quand ma muſe s'enflame au feu de votre nom,
Elle conçoit des fruits & produit des oracles.
　Sans l'ardeur du soleil, qui nous ét ſi requis,
La terre ſeroit manque au cours de notre vie ;
Mon âme ainſi n'a rien, ne de beau, n'i d'exquis,
Si ſon attente n'ét de vos faveurs ſuivie.
　Le Turc adore ici le lever du soleil.
Moi, qui croiant aux loix de votre ſainte bouche,
I'invoque, ô Tout Puiſſant, votre divin conſeil
Quand mon âme ſe leve & quand mon cors ſe couche !

HYMNE POVR LA FRANCE

Prins du latin de Bucanan.

Ivste fils d'vn Pere tout bon,
Fils ſemblable au Pere de nom,
Fils portant du Pere l'image,
Vrai flambeau d'un feu pur & vrai,
Vrai Dieu, de Dieu même engendré,
Fils prudent d'un Pere tres-ſage !
　L'ignorance, mere d'erreur,
Dans vne ombreuſe nuit d'horreur

A reduit notre ame affeblie;
Vn Enfer de foucis divers
Ont nos efprits d'horreur couverts
Et notre attente enfevelie.

 Leue-toi, Soleil pur & beau,
Ren à la France fon flambeau;
Soleillant notre nuit contrainte,
Chaffe l'erreur de notre foi,
Chaffe le froid tout plain d'effroi,
Sous l'ardeur de ta lampe fainte.

 Sous cète clarté qui nous rit,
Purge le champ de notre efprit
De toute nielle & d'ivraie,
Afin qu'arrouzé de ta main,
Sa femence pure & facrée
Rende à double ufure fon grain.

FIN DE LA MVSE CÉLESTE.

CLION

ov

LA MUSE HÉROIQUE.

AU ROY.

C E n'ét pas fans fujet que la Mufe diuine
Nous chante que le poète eft ainfi que le Cyne;
SIRE, c'ét vn miracle & qui montre en effet
Que Nature jamais ne fit rien plus perfet
L'vn & l'autre èt tout pur; l'vn porte vn blanc plumage
L'autre en fes actions vn candide courage;
L'vn aimé de la Mufe & l'autre de Phébus,
Frequente les marefcz & les ruiffeaux èrbus.
Le Cyne fuit Mëandre où les Cynes abondent,
Et le poete Hipocrène où les Mufes fe fondent.
Le Cyne fuit le peuple & le poète le bruit;
Le Cyne aime les eaux & le poète les fuit.

Leur chant ét tout divin, & furtout quand leur vie
Se void, fur leurs vieils ans, de la Parque fuivie.
Mais l'hiftoire pourtant reprefente à nos yeux
Que le Cyne fe fâche où le tens ét fâcheux;
Il s'impofe filence & fa voix fe refferre
Iufqu'à ce que l'Hyver s'abfente de la terre,
Et que les doux Zefirs, amis de leurs chanfons,
Reveillent les Oifeaux tapis dans les buiffons.

 Que fi le Cyne encor, qu'en ces vers ie figure,
Imite tellement des faifons la nature,
Si fa vie ét fenfible à tant de mouvemens
Que l'on void proceder du changement du tens,
Faut-il, SIRE, faut-il s'étonner fi les Poëtes,
(Qui des Dieux & des Rois font les viues trompetes)
Se taifent en ce tens où l'iniufte mépris
Tient le pié fur la gorge à tant de beaux efprits,
Qui, dignes d'animer nos fidelles hiftoires,
Languiffent au milieu de vos rares victoires,
Sans que quelque Mécène, ami de leur vertu
Releue tant foit peu leur courage abbatu?

 Ceux qui de iour en iour, abuzans de vos graces,
Rendent à nos dépens leurs cuifines fi graffes,
Que nos luts & nos vers prifent moins qu'vn fétu,
Et qui plus que la pefte abhorrent la vertu,
Qui bourreaux du merite ont fait que l'ignorance
A pris fur la Iuftice vne iniufte féance,
Qui des mal-heurs du tens font iouer les refforts,
Qui bulancent leur gloire au poids de leurs trefors,
Ce font les rudes vens & les vagues confuzes

Qui reculent du port l'esperance des Muses,
Qui rendent sans honeur le Parnasse francois
La Muse sans honneur & les Poëtes sans voïx.
 Mais, SIRE, si iamais ce bon-heur nous arrive
Qu'en vos cheres faueurs notre Muse revive,
Si vous aimez son bien autant que vous aimez
Ceux qui dans vos combas sont le plus animez,
Bref si, prètant l'aureille aux douceurs de ses charmes;
Vous faites voir sa gloire en celle de vos armes,
Alors, mon PRINCE, alors, tous ces chantres reclus,
Qui se sont si longtemps dans ces troubles déplus,
Reveilleront leurs voix au bruit de votre gloire,
Pour chanter sur la Seine & bruire sur le Loire
Vos triomfes sacrés, qui porter vous feront
L'audace dans le cœur, le laurier sur le front,
Et de qui les effets, surmontant la nature,
Serviront d'exemplaire à la Race future.

AVTRE DISCOVRS,

A SA MAIESTÉ.

SIRE, c'ét vn abus de penser que les Muses
Ne vivent que de vent, de chansons & de ruses;
Elles s'enflent le cœur & s'animent la vois
De la grace des Dieux, des Princes & des Rois.
Car sitôt qu'Apollon élance dans nos ames

La profétique ardeur de ses divines flames,
Rauis come en extaze & d'aisle transportés,
Nous fuion le vulgaire & le bruit des cités,
Nous suivons le seiour des douces solitudes,
Pour y cueillir le fruit de nos longues études.
Là nous chantons des Dieux les œuvres singuliers,
Là nous vantons des Rois les trionfans lauriers.
En ces dous passe-tans, en ces doux exercices,
Leurs divines faveurs sont nos cheres Norrices,
Elles font que nos vers le vice combattans
Passent dessus le ventre aux vices de ce tans.

 Ie n'auois pas saize ans quand ma voix begaïante
Chanta du grand HENRI *la gloire trionfante,*
Quand cet Astre divin qui nous donoit le iour,
Vint dissiper l'oscur de mon triste seiour,
Et que le Ciel changea, sous ses heureux auspices,
En plèzirs nos regrets, nos mal-heurs en delices,
Nous faisant savourer, au fort de son bon-heur,
Les fruits de sa prudence & ceux de sa valeur.

 Grand Roi, qui possedez cette double córone
Qui vòtre chef sacré dignement environe,
Qui voiez clerement vòtre esprit revètu
Des riches ornemens de sa belle vertu ;
Maintenant que ma voix s'èt plus forte rendue,
Maintenant qu'en la France elle est mieux entendue,
Ie vous serois coulpable & m'iroit-on blâmant
Si, taizant vos vertus qui me vont animant,
Ie n'offrois à vos yeux ces vers que ié fait naître,
Còme vn arbre son fruit pour le gré de son maître.

Ie di, que vous auez, par vos valeurs, acquis
Ce qu'en France, ô grand Roi, l'on void de plus exquis,
Quand vous fites broncher au profond de leur piege
Ces lions qui penſoient vſurper votre ſiege,
Et qui tachoient d'ancrer au rivage François
L'ancre pernicieux de leur ſanglante vois ;
Si le ciel, qui des Rois maintient le iuſte Sceptre,
N'eût ce deſſein froiſſé ſous ſa puiſſante dextre.
Car ſi tôt qu'en dépit de la rigueur des flos,
Vous eutes mis la France en ſon premier repos,
L'air ſe rendit plus doux, le Ciel plus agreable ;
Dieu benit de ſa main la Terre déplorable.
Elle qui n'enfantoit, durant nos triſtes pleurs,
Que des poignans chardons au lieu de belles fleurs,
Reprît l'honeur plus beau de ſa belle Nature,
Les arbres leur ſuſtance & les bois leur verdure.
Nos prés firent revoir leur gracieux émail,
Les fontaines le cours de leur bruïant Cryſtal.
Mars, qui dans ce terroir penſoit bien prendre place,
Honteux ſe retira dans les Rochers de Trace.
    Mais à peine veid-on, de vos travaux guerriers,
Sur vôtre chef ſacré bourgeòner les Lauriers,
Que le Ciel, qui conduit tout l'eſpoir de la France,
Voulant de votre cœur eprouver la conſtance,
Permet qu'vn autre orage animé de fureurs,
Vint reprendre naiſſance en la fin de nos pleurs,
Qui ſuivis de frayeurs, de foudre, & de Tonerres,
Menaçoient cet Etat d'vn abîme de guerres.
Provoquant vôtre Peuple à la rebellion,

Pour faire de la France vn second Ilion,
Si votre esprit divin, si votre ardant courage,
N'eut sauvé nôtre Nef d'vn si cruel naufrage.
En cette extremité, Sire, *vous fites voir,*
Quelle èt vôtre assurance & quel votre pouvoir.
   Roüen le reconut au fort de son desastre,
Quand vôtre Majesté vint, ainsi qu'vn bel astre,
Dissiper les broüillas de sa captiuité
Pour lui faire revoir sa douce liberté,
Et que vôtre valleur qui iamais ne se lasse,
Força le Vieil-Pallais de vous rendre la place,
Où vous eutes l'honeur de vaincre tant de lous,
Qui, pour nous devorer, se bandoient contre vous.
   « *La fortune qui suit les Princes plus sublimes,*
   « *Accompagne partout leurs vertus magnanimes,*
   « *Elle s'aime aux combas, & fauorise à ceux,*
   « *Qui, par leurs actions, se rendent genereux.*
   « *Et iamais sa faveur, sur qui l'honeur s'asseure,*
   « *Ne loge dans vne ame où la crainte demeure.*
   Mais tout ainsi qu'vn Astre au milieu de la nuit,
Rend plus cléré à nos yeux la clarté qui le suit,
Côme on voit aux Iardins que les Roses pourprines
Plus belles se font voir au milieu des épines,
Tant plus qu'en ces travaux vous étes agité
Vôtre constance ainsi fait voir sa gravité.
   Vrais Typhis des François vos addresses profondes
Se font voir, non au port, mais au peril des ondes;
En ce cruel désordre on void, ô puissant Roi,
Que vos plus obligez vous manquerent de foi.

L'on void de vos sujets les tristes entreprises,
Vos châteaux reuoltez, & vos villes surprises,
La plupart de tous ceux que vous avez sauvez,
Pour vous perdre s'étant contre vous élevez,
Font que la plus grand' part de ceux de la Noblesse,
En cette extremité lâchement vous delaisse.
Pour secours, vous n'avez que vôtre simple train,
Et vôtre seul conseil qui vous prétoit la main.
De quelque part helas que vous iettez la veuë
Vous voiez à regret la France tout émuë,
Vôtre Peuple fidelle en cette adversité,
Fut celui dont le mieux vous futes assisté,
Vos coffres sont vuidez, vos Recètes troublees,
Vos sujets oppresez, vos finances pillees,
Sans que pas vn de ceux qui les vont possedant
Vous aille d'vne obole au besoin secondant.
Je ne voi rien pour vous, que les justes prieres,
Dont le Peuple vous aide au fort de vos afféres,
L'vn fuit, l'autre chancelle, & tout plain d'Officiers
Paroissent moins souvent où plus vous paroissiez

 Et bien qu'on eût jugé que le Ciel & la Terre,
Fussent lors coniurez pour vous faire la guerre,
Que la fortune méme, au iugement de tous,
Semblât en ces mal-heurs conspirer contre vous,
Vôtre cœur, qui s'ègale à celui d'Alexandre,
Fit bien voir le contraire au fort de cèt esclandre,
Vous fites voir qu'vn cœur fondé sur la vertu
Ne peut être iamais par la force abatu.
La fortune lui cede; & còme chante Horace,

Ainſi que la vertu d'vn autre ſuit la trace,
Grand Roi, vous montrez bien qu'en vain vous nètes pas
Fils de ce grand HENRI, dont vous ſuivez les pas,
Qui Monarque invincible en cét âge où vous ètes,
Comença le beau cours de ſes riches conquètes,
Qui corònent ſa gloire & ſes faits immortels,
De Tamples, de Lauriers, d'offrandes, & d'autels,
Laiſſant à votre eſpoir l'hòneur hereditére,
Qu'Alexandre reçeut de Philippe ſon pere,
Qui par tant de valeurs, & de travaux divers,
Rangea deſſous ſes lois tout ce grand Vnivers.
Armé de la Faveur de celui qui preſide,
Sur la Nef des François dont vous ètes le guide.

Votre ſeule preſence, en ces ſanglans diſcors,
Froiſſe de l'ennemi les aueugles effors,
Vous ſauvez votre peuple, & par vos iuſtes armes,
Vous r'animez la France en la fin de ſes larmes,
Vous faites, ô grand Roi, que nos Cycnes François
Vont redònant la vie à leur mourante vois.

La preſence des Rois qui iuſtement dominent,
Donte le cœur de ceux qui contr'eux ſe mutinent,
Romule ainſi ſauva la plupart des Romains,
Engagez ſous le ioug des Sabins inhumains,
Qui penſant de leurs cors faire vne iniuſte proye,
S'en féſoient dans le cœur dè-ja les feux de ioye;
Ceſar, par ſa preſence & ſes trauaux vaincueurs,
Delivra de la main des Nerves belliqueurs
Son peuple, qui privé d'eſpoir & de courage,
Se voioit ſur le point de ſon proche naufrage,

Si son divin accez n'eût fait par ses vertus,
Qu'ils vainquirent tous ceux dont ils furent vaincus.
 Que ne fites vous point lors qu'en sa maladie
Il vous plut visiter la pauvre Normandie?
Elle reprit courage, & Vôtre Majesté,
Fut le Baume excellent de sa chére santé,
Qui ioint aus prontz effets de vos armes puissantes,
Fut purgeant de son cors les humeurs plus peccantes.
 Caen, ainsi que Roüen, le conut en effet,
Lors que vôtre Château vous fit vn même trét
Que fit le Vieil-Palais, pensant rendre servile,
Sous le pouvoir d'autrui votre fidelle ville,
Cessant que vôtre accez, qu'où git tout son support,
Lui redóna la vie au millieu de la mort.
Là vôtre Majesté ne peut être empéchee,
De voir à son accez l'vne & l'autre tranchee,
Le conseil n'i fait rien; le plus de vôtre soin
C'èt d'animer vos gens vous méme en ce besoin.
Où le plus de peril plus clerement se montre,
C'èt où vôtre courage ardamment se rencontre,
Vous remarquès la place, & voiez ce Donjon,
Qui du Nom de Cesar porte encores le Nom,
Sans craindre des canons l'attainte avantageuse,
Ni ceux qui deffendoient cette place orageuse,
Dont l'effroiable aspect & les doubles remparts,
Sembloient méme effrayer la puissance de Mars.
 Ces espris, resolus de mourir ou de vivre,
Sur vn venteus espoir dont leur ame s'en-yvre,
Vous reffusent la porte, & s'affligent de quoi,

Vòtre Ville ainsi qu'eux ne vous manque de foi;
Mais vòtre Majesté n'y fut plûtôt posee,
Qu'à vous rendre les clefs leur fougue èt disposee;
Ils redoutent si bien vos sensibles efforts,
Que ceux qui sont dedans veulent ètre dehors,
Ils sont plus empechez à gaigner vótre grace,
Que vous n'avez de peine à perdre leur audace,
Votre Nom qui s'èpand tout par tout l'Vnivers,
Détruit tous les desseins & les iette à l'envers,
Vòtre seulle parole, au fort de ces vacarmes,
Leur arrache des mains la puissance & les armes,
Ils n'ont plus d'autr'espoir de vaincre vos rigueurs,
Que par le iuste excez des larmes de leurs cœurs,
Qui touchans vos bontez vous ôterent l'envie,
Qu'a bondroit vous auiès de leur óter la vie.

 Mais quoi? SIRE, èt-ce la que vótre pieté,
Termine les efféts de sa douce bonté?
Nani SIRE, nani, vos bontés naturelles,
Se font bien voir plus loin à l'endroit des Rebelles,
Témoins sont le Poitou, l'Anjou, le Pont-de-Sè,
Qui faisant tout de mème ont fait vn mème essai;
Lors qu'à leur iuste dam vous leur fites parètre,
Qu'ils étoient vos suiets, que étiés leur Maître,
Vous rendìtes, grand Roi, sous vos braves dessains,
Leur audace inutile & leurs efforts tous vains,
Paroissant au milieu de leurs vaines armees,
Ce qu'Alcide parut au combat des Pigmees,
Vous rendez les Destins à vos valeurs soumis,
Et passant sur le ventre à tous vos ennemis,

Vos vertus, ô grand Roi, font naître de vos veilles,
Non seulement des fruits mais plùtôt des merveilles,
Ils se rendent à vous, & vos armes leur font
Naître la crainte au cœur la honte sur le front.
Le beau-tans se remontre & ce fâcheux orage,
Se dissipe aux rayons de ce brave courage,
Qui ne pût se fléchir que par les mêmes pleurs,
De ceux qui dans la France ont vomi ces malheurs.
 Or comme c'ét vergoigne aux ames bien prisees,
De laisser imparfait le cours de leurs brisees,
Vous pourfuivés si bien le but de vos proiets,
Que les plus Etrangers vous sont les plus suiets,
Vous allez en Bearn' où par iuste entreprise,
Vous rendez vôtre Peuple au giron de l'Eglise,
Sçachant qu'où ne luit point cette vive clarté,
Tout ét plain d'abusage & plain d'oscurité.
 Il vous plût, ô grand Roi, malgré toute Heresie,
Faire voir le progrez de vôtre fantasie,
Qui, suivant les desseins de feu ce puissant Roi,
Ne peut souffrir en France vne seconde Loi.
Ce fut là, que parut vôtre belle sagesse
Vôtre Zele sacré, votre divine addresse,
Vous rendez des effets qui sont dignes de vous,
Réprimant la fureur des Tygres & des Lous,
Qui, depuis cinquante ans, auoient, plains de furie,
Devoré les Brebis de votre Bergerie,
Forçant tous vos Pasteurs, par mille affronts divers,
D'abandoner leur charge & de vivre aux dezers.
 En cette humble action, qui promet des miracles,

Vous moiſſōnez les fruits de nos iuſtes Oracles,
Qui chantoient au feu Roi qu'il auroit vn Daufin,
Dont l'heur ſe devoit rendre à cette même fin,
C'èt l'augure certain d'où vôtre belle gloire,
Se promet ſur le Turc vne heureuſe victoire,
Vaincre la Paleſtine, &, malgré les hazars,
Planter deſſus ſon chef vos François étendars.

Par tout où vous paſſez vous rempliſſés les places
Du fruit de vos vertus, des éffèts de vos graces,
Vous repeuplés vos parcs de cent Paſteurs nouveaux
Pour prêcher l'Evangile & veiller vos trouppeaux,
Remettre tous leurs biens en leur pleine puiſſance,
Dont ces Lous vſurpoient l'iniuſte ioüiſſance.

Mais, SIRE, *c'étoit peu ſi pour les maintenir,*
Vôtre prudence alors n'eût voulu retenir,
Aux lieux plus importans, aux places moins certaines,
Des Gouverneurs de choix, des vaillans Capitaines,
Pour garder ſeurement ſous le zele Romain,
De vos ſacrés Edits le pouvoir ſouverain,
Mélant, pour éuiter tout pretexte de guerre,
Aux armes de S. Paul les armes de S. Pierre.

Non content, ô grand Roi, vous y laiſſez encor,
De toutes vos faveurs le plus riche treſor,
Ici vous erigez, en faveur des Papiſtes,
Vn college excellent de vos doctes Ieſuiſtes,
Qui pour aide fidelle aians les Capucins
Y celebrent de Dieu les ſervices divins,
R'addreſſent vôtre Peuple, inſtruiſent la Ieuneſſe,
A ſuivre cóme vous le chemin de la Meſſe,

Extirpent le menfonge & tirent ce rideau
Qui du fainct Evangile offufque le flambeau,
Exhortent le Bearn', invitent la Rochelle,
A quiter les abbus de leur fecte infidelle,
Relevent la doctrine & les Arts, que le tans
Avoit aneantis du depuis cinquante ans.
 Ariftogite ainfi rétablit dans Athènes,
Les fciences des Grecs, & les lettres Romaines,
Surmontant courageux, par deux diuers combas,
Hipparque qui premier les avoit mifes bas.
« Où cette erreur croupit, SIRE, il n'èt pas poffible
« Qu'vn Roiaume profpere ou puiffe ètre paifible.
« Deux contréres humeurs ne peuvent avoir lieu
« Dans vn méme fuiet ; SIRE, plùt au bon Dieu
Que le Ciel eùt purgé tout le cors de la France,
De cet air infecté qui corront fa fuftance,
Nous vivrions en repos, vous verriez fous vos lois,
S'vnir pour tout iamais tout le peuple François.
 Mais d'autant, ô grand Roi, que ma Mufe n'afpire,
Qu'à chanter vos vertus dignes de vòtre Empire,
Ie quitte ce fuiet, pour reprendre le cours
Et le chemin plus feur de mon premier difcours.
Vous faites maintenant que la Race future
Celebrera partout votre heureufe avanture,
Les Nymfes du bòcage, & les Nymfes des eaux,
Luftreront vos Autels de maints Bouquets nouveaux,
Les Faunes, les Syluains, les Bouquins, les Dryades,
Feront en vòtre hòneur mille brufques gambades,
Mille Oifeaux printaniers tapis dans les buiffons,

Celebreront ce iour de leurs douces chanſons,
Les Muſes reprendront leurs liberteʒ premieres,
Et leurs chers norriçons leurs humeurs coutumieres,
La ſource d'Hipocrené a ſon eau decouvert,
Les Lauriers d'Apollon ont repris leur beau verd,
Phebus, qui par dèpit avoit ietté ſa Harpe,
L'a rependuë aux nœus de ſa brillante écharpe,
Le monſtre d'ignorance ennemi de Fébus,
A quitté ce repaire & ces beaux lieux herbus,
Ces Nymfes, qui des Rois ſont toù-jours favorites,
Pour vn ſuiet ſi beau chanteront vos merites,
Et, mèlant leurs Lauriers à ceus de vótre front,
Vos divines vertus immortelles rendront.

 On verra vôtre cœur, ſous vn âge ſi tandre,
Surpaſſer par vos faits les exploits d'Alexandre.
Suiuant de vôtre Pere, & la trace, & les pas,
Vous rendres votre Nom affranchi du trépas,
L'effét de vos deſſeins ſi vaillans & ſi ſages,
Nous feront voir des fruits plùtôt que des feillages.

 Fruits qui iamais du tans ne ſeront abolis,
Tant qu'on verra durer vos belles fleurs de lis ;
Les penetrans raïons de votre vive Aurore
S'épandront du Ponant iuſqu'au rives du More,
Car cóme les grans mers ſe font des grandes eaux,
Et les monts ſorcilleus des terreſtres monceaux,
Ainſi, de vos valleurs tout par tout recónuës,
Votre nom s'acroîtra iuſqu'au delà des Nuës,
Vous ne reſembleʒ pas à ces Rois caſaniers,
Qui, toù-jours attacheʒ au coin de leurs foyers,

Ne laiſſent de leur vie aucunes belles marques,
Avant que de paſſer par le tranchant des Parques,
A paine, quand ils ſont dans l'oſcur du trepas,
Scait-on s'ils étoient Rois ou s'ils ne l'étoient pas.

 Mais cóme vn beau ſoleil qui viſitant le monde,
Rend, en faiſant ſon cours, la Terre plus féconde,
Ainſi votre Grandeur, viſitant l'vnivers,
Rendra par ſa vertu maints beaux effets divers,
Vos triomfes feront paroitre en toutes voies
Mille chants de victoire & mille feus de ioies,
Vos armes, vos conſeils, vos genereux deſſeins,
Rangeront tout le monde vn jour deſſous vos mains,
Vous camperés le camp de vos iuſtes armees,
Iuſqu'aux derniers confins des Terres Idumées,
Mélant ſous le pouvoir de vótre brave cœur,
Leurs Palmes à vos Lis, dont vous ſeréz vaincueur.

 Tous les Peuples chrètiens vrais enfans de l'Egliſe
S'vniront auec vous en ſi belle entrepriſe,
Sire, que plût à Dieu, pour vn ſi beau deſſein,
Qu'ils iettaſſent ce fiel qu'ils couvènt dans leur ſein,
Et qu'ils euſſent vomi l'aigreur de leurs querelles,
Sur les faux Sarrazins, ſur les Turcs infidelles,
Ils auroient de la gloire autant qu'ils ſont blâmés,
De s'entre-devorer cóme lous affamés

 Or, pour rentrer au cours de vôtre belle gloire
Digne non d'vn diſcours mais d'vne longue Hiſtoire,
Je di que, ſans cercher des triomfes ſi loin,
Cet Empire vous peut acquiter d'vn tel ſoin.
SIRE, vous poſſedez vn ſi puiſſant Empire,

Qu'on y peut remarquer tout ce qui se desire,
L'etranger tous les iours y vient de tous côtés,
Emprunter librement mille comodités.
Tout ce que de plus rare enfantent les Espaignes,
La France le produit en ses larges campaignes;
Tout ce que l'Angleterre eut iamais de plus cher,
La France le fait voir sans l'aller recercher,
Ce que l'Inde eut iamais de plus riche & d'vtile,
La France le possede en sa terre fertile,
Bref, ce que le Ponant a de plus precieux,
La France le raporte en son plan gracieux,
Si bien que dans la France on peut voir, ce me semble,
Non tant de Regions mais tout le monde ensemble.

Son air èt agreable, & son terroir fécond,
Son seiour en beauté n'eut iamais de second;
Le Blé, le Vin, les Eaux, le Bois, l'Agriculture,
Foisonent en ce lieu l'honeur de la Nature,
La Mer qui l'enrichit de son riche tresor,
Lui done le commerce, & le trafic encor,
L'Écosse, l'Alemaigne & toute l'Italie,
Ont de ses ornemens leur dépoüille embellie,
Les Muses pour y vivre ont quitté leur seiour,
Mars, Amour, & Pallas y font leur belle Cour,
Ses Vniversités iadis se veirent telles,
Qu'il ne s'en trouvoit pas au monde de plus belles,
Si l'iniure du tans, contraire à la vertu,
N'eût demoli leur force, & leur Nom abbatu,
Si de ce siecle encor les Asnes sacrileges,
N'eussent soüillé l'honeur de nos fameux colleges.

Elle abonde en Noblesse autant riche de biens,
Que d'armes, que d'habits, de Chevaux & de chiens,
Moienant que le Ciel dispose son envie,
Pour seruir Dieu, le Roi, l'honeur de la Patrie.
L'on y void des Esprits de toute sortes d'arts,
Autant qu'il s'en peut voir en toutes autres pars,
Esprits qui sont si fins en tout ce qu'ils conçoivent,
Qu'en leur propre artifice eux mêmes se déçoivent.
Des Prêtres on y void d'vn singulier sçavoir,
Si de seruir l'Eglise ils font bien leur devoir,
Bref tant d'heur & de gloire en ce Roiaum' abonde,
Qu'on le peut bien nomer le paradis du monde.

Son repos èt fondé sur sept beaux Parlemens,
Qui rendent à toute heure & font voir en tous tans
Plus de iustes effèts & de clartés plus nettes
Que ne font dans les cieux les sept belles Planettes.
Par leurs Arrèts sacrés vn Vsurier malin,
Laisse la Vefve en paix, en repos l'orfelin,
Par eux nous resistons à tout plain de Harpies,
Qui notre peu de bien agassent còme Pies.
Par leur iuste Iustice ils corrigent sans plus,
Le desordre qui naît de mille Esprits perclus,
Qui iugeant de nos meurs s'ajugent des épices,
Non selon l'equité, mais selon leurs caprices,
Et de qui la plus-part vend son peu de moiens,
Pour avoir des Etats aux dépens de nos biens.

Mais, SIRE, *ainsi qu'en vain vne ieune pucelle,*
Paroîtroit à nos yeux du monde la plus belle,
Si la pudicité qui loge dans son cœur,

Ne luì fert de rempart pour garder fon hóneur,
Ainfi pour conferuer la France bien aimee,
Contre tant de Mâtins dont elle èt abboyee,
Le Ciel, qui la cherit, lui dòna pour donjon,
Vn Roi fi valleureux, fi prudent, & fi bon.
Nature a de fes mains fes clôtures bornees,
Des Alpes, de la mer, du Rhin, des Pyrénées,
Rien ne manque à fa gloire, & fon fol èt rempli,
De tout ce qui peut rendre vn Roiaume accompli:
    Et comme vn Diamant perd beaucoup de fa grace
Si dans vn anneau d'Or l'Orfevre ne l'enchaffe,
La France, qui n'a rien de pareil fous le Ciel,
Meritoit vn tel Roi, vous vn Roiaume tel,
Dans fes rares beautez vòtre gloire s'illuftre,
L'éclat de vos vertus lui dònent tout fon luftre,
Votre Pere, Grand Roi, vous acquìt ce trefor,
Et par droit legitime, & par armes encor.
Tandis qu'il à vécu fa triomfante dextre,
Vous garda cherement le droit d'vn fi beau Séptre,
Ainfi, grand Prince, ainfi vous le conferverez,
De la même façon tandis que vous vivrez.
Vous ferez encor plus; car croiffant d'àge en àge,
Vos vertus accroitront ce Roïal heritage,
Mais còme on void fouvent aux fuperbes Iardins
Les chenilles ravir la fleur des Romarins,
Ainfi pour ne flater la France que ie louë,
(SIRE, pardonez moi fi ce mal-heur j'àvouë,)
Ie diré que la France èt vn iardin parfait,
Qui produit librement toutte chofe à fouhait,

Mais le chancre a si bien gangréné sa sustance,
Les Chenilles ses fleurs, les Corbeaux sa semence,
Sur ses premiers Bourgeons tant d'oiseaux ont volé
Tant d'animaux divers ses arbres gouspillé,
Bref le vice du tans tellement l'endomage,
Qu'à peine, ô puissant Roi, vous en auez l'vsage.
   Vn tas de gens de paille & de gens ramassez,
Qui se sont en Renars dans la France glissez,
Qui sortis du bourbier d'vne race indecente,
Possedent auiourd'hui cent mille écus de rente,
Qui cômis aux Etats, devroient en vôtre endroit,
Conserver vôtre bien côme leur propre droit,
Ce sont ceux, ce sont ceux qui maintenant en vsent
Et qui de vos faveurs impunement abuzent.
Par eux nous devenons Tantales affamés,
Au pres de vos faveurs dont ils sont animés,
Ils ravissent le pris & l'honeur de nos veilles
Ils moissonent vos fruits, nous n'avon que les feilles,
Ils nous apprenent bien que les moûches à miel,
N'vsent pas côme il faut de la grace du Ciel,
Elles ont tout lè soin d'amasser les fleurettes,
Dont elles font l'ouvrage en leurs simples rûchettes,
Chacune d'heure en heure y porte son butin,
Le Lis, le Serpollet, l'Aubépine & le Thyn,
Le Iosmin, la Parvanche, & cette fleur pourpree,
Qui du sang d'Adonis la couleur a tiree,
Elles n'épargnent rien, de ce qu'il èt besoin
Pour conduire leur œuvre au but de leur dessein;
Mais à peine le miel se forme dans les Rûches,

Que mille gros bourdons leur dreſſent des embûches
Se mêlant au milieu de leurs doux eſcadrons,
Pour leur faire ſentir leurs âpres éguillons.
Et tandis qu'au travail ces eſprits ſe conſóment,
Ces frélons affamés leur attente moiſſonent;
Sans qu'en bruyans ſi gros ilʒ facent iamais rien,
Que de vivre inutils aux dépens de leur bien.
 SIRE, c'èt pour neant que nos eſprits ſe tuënt,
Parmi tant de Griffons qui ſur nos biens ſe ruënt,
Ils raviſſent nos fruits, & nous ſuccent le ſang,
Cóme affamés Brochets le Poiſſon d'vn étang.
Nous ſouffrons la douleur dont provient leur remede
Nous retaillons le marc d'où leur boiſſon procede,
Nous n'avons que l'épi, dont ils tirent le grain,
La perte nous faiſons dont ils font tout leur gain.
Durant qu'au bien public nôtre Eſprit ſe maluiſe,
Ils veillent en repos, ils dorment à leur aiſe;
A ſes pauvres Mulets, SIRE, nous reſſemblons,
Qui portent la finance & vivent de chardons.
Puis, ſe gauſſans de nous, ils diſent que nos Muſes
Ne vivent que de vent, de diſcours, & de Ruſes.
 Eux, qu'vn iniuſte ſort a poulliés ſi haut,
Eux, en qui tout abonde, à qui rien ne deffaut,
Qui iamais, cóme nous, n'ont veillé ſur le livre,
Pour apprendre à bien faire & tâcher à bien vivre,
Qui, cómis aux Etats, devroient en vôtre endroit,
Conſerver votre bien cóme leur propre droit,
Eux, qui ſe font ſi gras, eux qui ſe font ſi minces
Ne vivent pas de vent, ils vivent cóme princes.

Leur Table èt ſi ſuperbe en metz delicieus,
Qu'en leurs rares repas ils viuent còme Dieus.
 Ils ne vont qu'en carroſe, & font que tout le monde,
A leur mauvais exemple, en carroſſes abonde,
Il n'èt Gueux r'affraìchi qui, pour le tans qui court,
Quelque carroſſe n'ait dans le coin de ſa court;
Bien que, par ſon Edit, le feu Roi vòtre Pere,
Les eut expreſſément deffendus au vulgaire.
Bref, il ne manque rien à leur fatalité,
Que le droit ſouverain de l'immortalité.
Nous, qui d'vn lieu plus digne avons prins origine,
Nous, de qui l'action èt plus iuſte & plus digne;
Qui, par les beaus efféts de nos doctes labeurs,
Meritons mieux le fruit de vos cheres faveurs,
Qui, Poëtes, n'avons point de plus cher exercice,
Qu'à chanter vos hòneurs, & vous faire ſervice,
Nous, qui ſur le Public n'avons iamais vécu,
SIRE, à paine avons nous ſouuent vn pauvre écu.
 Toute choſe nous manque; on nous void par les ruës,
Plus chetifs qu'Irlandois, plus maigres que les Gruës,
En ce tans, qu'il nous faut hurler còme les Lous,
Ceux qui plus ſages ſont, ſont jugez les plus fous;
L'ignorance nous fait, en ce tans plain d'envie,
La marote porter de leur propre folie.
 SIRE, il faut cependant que vos pauvres Sujets,
Succombent ſous le ioug, & portent tout ce faix,
Ils ſouffrent plus d'ennuis, en ces maux qui les geinent
Que les mèmes chevaux qui leurs carroſſes trainent,
S'ils ſe penſent deffendre auecque la raiſon,

Tous leurs biens font faifis, ils font mis en prifon.
Bref, ils ont moins de paine à païer vôtre taille
Qu'à fouffrir fans fujet ce mal qui les travaille.
    Tout ce qu'à notre efpoir il refte de plus dous,
C'èt d'implorer vôtre aide & d'efperer en vous;
Sçachant bien, ô grand Roi, que fa plainte éperduë,
Sera de vos bontez quelque iour entendue.

AV ROY

SVR LA REDVCTION DV

château de Caën, en fon obéïffance.

SONET.

CAEN étoit hors d'efpoir en fa force inutile,
    Sa perte alloit perdant les places d'alentour,
Ces avortons de Mars penfoient dans fon fe-jour,
Faire pour tout iamais leur fanglant domicile.
    La Campaigne étoit vague & le Bourgeois fervile,
Leur canon s'entendoit, & de nuit, & de iour,
L'on n'eût peu librement paffer vn Carrefour,
Ni marcher fans peril au milieu de la Ville.
    Mais à peine, ô grand Roi, vos yeux eurent jetté
Leurs doux rayons fur nous que votre Maiefté

Força vos ennemis de vous rendre la place.
  Tout le cueur de la ville à vos piés s'ét soumis,
Aimant mieux mille fois mourir en vôtre grace
Que de vivre iamais au gré des ennemis.

AVTRE.

CRAINDRE le nom de Dieu, maintenir son Eglise,
  Aimer le bien public come. son propre bien ;
Relever de la Foi le Symbole ancien,
Remettre ses sujets en leur plaine franchise.
  Vaincre ses ennemis par sa valeur exquise,
Ioindre aux armes les Loix d'vn éternel lien,
Estre l'amour des siens, des pauvres le soutien,
Préparer sur le Turc vne heureuse entreprise.
  Faire sous le succez de ses justes trauaux,
Naître vn printens de fleurs de l'hyver de nos maux,
SIRE, ce sont les fruits qu'en vos faits ie remarques :
  Qui vous font reputer au Temple des vainqueurs,
Le cœur de nos souhaits, le souhait de nos cœurs,
Le Monarque des Rois, & le Roi des Monarques.

AVTRE AV ROY.

DIEVX ! que i'ai de regret veu la riche victoire,
  Dont le Ciel enrichit vôtre brave Printans,
Que les Muses helas ! par la rigueur du tans,
Aillent hors de la France ourdissant vôtre histoire

Si vos Predeceſſeurs (dont la vive memoire
Depite du trépas les efforts plus puiſſans)
N'euſſent de Calliope animé les Enfans,
Que feroit-ce à prefent que d'eux & de leur gloire?

 O grand Prince! ô grand Roi! puiſſé-ie avoir cet heur,
De bruire tellement vôtre digne valeur,
Que jufques à vos yeux mes vers puiſſent s'étandre,

 Et que pour le loyer que i'efpere le mieux,
Vous foiés de mes vers le divin Alexandre,
Moi l'Homere facré de vos faits glorieux.

SVR LE MOVVEMENT DES TROV-

bles de l'Année 1620.

SONET.

POVRQVOI *fremiſſés-vous, pauvres gens forcenés*
 Quelle frayeur vous fuit quelle moûche vous pique
Quel Dæmon a plongé vôtre ame frenetique
Dans ce trouble où ie voi vos efprits enchaînés?

 Revenés à vous-mêmes, ô mortels, revenés,
Sans plus fuivre confus cette engeance impudique,
Qui jalouze de voir la France pacifique,
Vous veut perdre au chemin qu'aveugles vous tenés,

 Si vous croiez en Dieu, fi vous croiez fa Loi,
Quel fujet auez-vous d'abandonner le Roi,
Que le Ciel a beni de fa dextre facrée?

Recerchez, ô François, sa grâce côme nous,
Et ne ressemblez plus la Brebis égaree,
Qui son troppeau quittant se fit manger aux lous.

REMERCIEMENT AV ROY, POVR

une Sauue-garde dônée à l'Auteur, par sa Majesté.

SIRE, de tout mon cœur ma Muse vous rend grace
  Du bien que i'ay reçu de vôtre Majesté,
De ce qu'il vous a pleu, sans l'avoir merité,
D'vn Royal Sauf-conduit preserver mon Parnasse.
  Sans vous, SIRE, sans vous j'allois quitter la place
A tant d'Esprits felons, dont la temerité,
Sans aueu, sans respect, & sans autorité,
Devorent côme lous la pauvre Populace.
  Mais ainsi que Dauid, sous sa Harpe sacree,
Repoussoit des Dæmons la fureur coniuree,
Le bruit de vôtre Nom rend leurs cœurs amolis.
  Fussent-ils au plus fort de leurs plus vives flambes,
Si tôt qu'ilz iettent l'œil dessus vos Fleurs de Lys,
Ils cessent, & s'en vont la queuë entre les jambes.

CONTRE LES ENNEMIS DV ROY.

ICARES orgueilleux, indiscrets Promethees,
Des bontez de nos Rois maintenant transportez
Craignez-vous point helas ! que les cieux irrités
Ne punissent vn iour vos brigues effrontées.

Qu'elles fureurs d'Enfer vos ames ont portees,
A troubler sans repos nos douces libertés ?
Quel sujet va poussant vos fieres cruautez,
A troubler de l'Estat les affaires sacrées ?

Il èt tans de vous rendre & de penser de vous,
Sans provoquer un Roi, si puissant & si doux,
Et de qui la valeur tout par tout se rencontre.

Recerchez sa clemence & de cœur, & de foi,
De peur qu'à vos dépens son courroux ne vous montre
Quel proffit fait celui qui se jouë à son Roi.

SONET EN FAVEVR DE SA MAIESTE.

QVAND verré-je le tans que mon Prince & mon Roi
Moissone le doux fruit du printans de son aage
Quand verré-ie le tans que son brave courage,
Range, malgré le Turc, l'Vnivers sous sa Loi ?

Quand verré-ie le tans, que tant d'espris sans foi,
Qui sur le pauure peuple ont vomi tant d'outrage

Reſſentent les trauaux, la peine & le dómage,
Et les mêmes mal'eurs qu'en la France ie voi?

Quand verré-ie le tans qu'aprés tant de tempètes,
Le Roi faſſe trancher ces orgueilleuʒes tétes
Qui penſoient dans ſon Trône êleuer leurs deſſeins?

Afin qu'à cet exemple vn chacun puiſſe ſuivre
Les regles les moiens, & les chemins certains,
Qui ſous l'Amour des Rois tout le peuple font vivre.

A MONSIEVR LE MARQVIS

de MONY, Gouverneur pour le Roy de la Ville & Château de Caen.

IEVNE *& puiſſant Atlas aux charges de ton Prince*
Et qui, fidele Argus, vas d'vn ſoin curieux,
Veillant inceſſamment ce Château glorieux,
Qui tient ſous ſon pouvoir la Normande Province,

Faut-il qu'en ton endroit ma Muſe ſoit ſi mince!
Et que, pour mon deuoir, mon lut ne chante mieux,
Ta gloire qui s'étand, d'vn vol audacieux,
Depuis le bord François iuſqu'aus rives du Mince?

Que ſi, chantre, ie n'oſe ébaucher ce projet;
Permets qu'en qualité de ton humble ſujet,
Ie te voue en ces vers mon fidele ſervice,

Car pour te bien vanter, DE MONY, *ie voudrois,*
Non la vulgaire ardeur d'vn Poëtaſtre novice,
Mais le Lut d'Apolon, ou d'vn Ange la voix.

AVTRE, AVDIT SEIGNEVR MARQVIS.

JE compare au Château ton heureuſe avanture,
Sur ſon Roc naturel le Château fut planté;
Et ton cœur qui iamais ne ſe veid ſurmonté,
Se fonde ſur le Roc de ſa propre Nature.

  Ce Château porte encor le Nom de ſa ſtructure,
De celui de Cæſar; ta iuſte qualité,
De Mars, non de Cæſar, a ſa gloire emprunté
Pour ſe faire admirer à la race future.

  Le Château ſe fait fort de ſon puiſſant Donjon,
Ta gloire à pour appui l'honeur de ta maiſon;
Si ſon aſpect èt beau, ton apparence èt belle;

  Vous differez d'vn point ſur l'interèt du Roi;
Car le Château n'aguere à ſon Roi fut rebelle,
Et rien ne peut iamais faire bréche à ta foi.

FIN DE LA MVSE HÉROIQVE.

TERPSICHORE

OV

LA MUSE SATYRIQUE

IACQVELINE

OV

L'IMAGE DE LA MORT

A

Monsieur de S. SVLPICE, Conseiller
du Roy au Parlement de
Normandie.

SATYRE.

Pvis qu'indifferemment par nature nous sommes
Obligez à la Mort qui dispoze des hommes,
Qu'elle affranchit nôtre ame & nous ferme
les yeux
Pour nos esprits conduire en la gloire des cieux,
Puis qu'étant necessère au fort de tant d'allarmes

Elle nous fét reuiure en la fin de nos larmes,
SAINCT SVLPICE, *pourquoy dira-ton que i'é tort*
D'appendre à tes Autels ce Tableau de la Mort?
 Tableau qui façonné sur l'antique modelle
D'vne horrible Diableſſe indocile infidelle,
Nous fait iuger tous d'eux, selon mon iugement,
Moy digne de reproche, elle de châtiment?
Elle comme vsuriere âpre & pernicieuse
(Si vieille fut iamais au monde vicieuse)
Moy pour n'auoir pas bien r'apporté comme il faut
Cette Image où tu dois excuser mon deffaut.
 Car comme ie pensé comtempler à mon aize,
Ce vieil monſtre d'Enfer, cette inféte punaize,
Pour tirer ce portrét comme elle a merité
Et le sacrer aux yeux de la poſterité,
Tant de plis ramaſſez sur sa face pliſſee,
Tant d'amas repliſſez sur sa pliſſe effacee,
Ces Dedales oscurs, où s'empètrent mes vers,
Ces yeux bordez de rouge & d'horreur tous couuers,
Ce vieux nez roupieux, cette vielle carcaſſe,
Ce poil gris-heriſſé; cette affreuze grimace,
(Grimace qu'on diroit prête à mordre les gens
Si ce n'eſt qu'apresent elle n'a plus de dens)
Ces regars plus hideux que les regars d'vn Singe,
Ce sein flasque & ridé comme vn rideau de linge,
Me rendirent confus, & me firent soudain
Donner la vieille au Diable & quitter mon deſſein.
 Il suffit qu'en ces vers viuement ie figure
Ses meürs, ses actions, son esprit, sa nature,

Affin que fans me perdre aux broüillàs du dehors
L'image de l'Efprit foit l'image du cors,
Ie feré prou content fi, lifant ma Satyre,
Cette vieille en pleurant t'y donne de quoy rire.

 Vieil-fleau du temps paffé, pefte du temps-prefent
Et dont le tems-futur ne fe peut dire exant,
Viue Mort des viuans, vieil Hibou, vieille Pië,
Que fais-tu plus icy fur ton cul accroupië?
He! penfe tu toù-jours brauer d'vn vain effort,
Les droits de la nature & les loix de la Mort;
Non, non, c'ét tróp vecu, dé-ia les Deftinées
Ont fur ton chef maudit moiffonné cent années,
Il eft tems de te rendre, il èt tems qu'Alecton
Accompagne ton ombre aux ombres de Pluton,
Tu n'as plus rien d'humain; ou fi rien te demeure
C'èt tu langue qui tanfe & qui peche à toute heure.

 Langue qui nous detracte, & dont le mauuais bruit
Les femmes fcandalife & les filles détruit,
Langue nèe en pèché, langue que ie detefte,
Que je crains, que ie fuy comme ie fuis la pefte,
Langue dont les èclats me font trembler d'effroy,
Lors que i'entens parier qu'elle parle de moy,
Bref chacun te cognoit pour eftre dans le monde,
Sans pareille en malice, en cageol fans feconde,
Car à qu'elle autre foin, vieille t'appliques-tu
Qu'à loüanger le vice & blamer la vertu?

 As-tu iamais icy, vieille-horrible Macrône,
Donné depuis trente ans pour vn double d'aumône,
Quels pauures orfelins, quels parens fi chenus

As-tu iamais d'vn double au monde reconüs?
Encor si tu daignois, quand tu tiens tes Assizes,
Avec celles qui sont dans ton foyer assizes,
Nous faire du vieil tems quelqu'antique discours,
Sans te plaindre sans cesse & soupirer toû-jours,
I'endurerois de toy ; car ie scay que l'vsage
A graué sur le roc de ton fameus visage,
Plus d'histoires beaucoup que nos plus vieils Romans
N'en scauroient r'apporter dudepuis deux cens ans.

 Tu scais en premier lieu de quel tems l'Heresie
Dans la France inuenta son erreur oscurcie,
Tu scais quand la charté tant d'Humains desola,
Quand la famine vint, quand la Terre trembla,
Quand la pucelle Iâne apprit au Duc Guillaume,
A chasser les Anglois hors de nôtre Royaume,
Tu scais, quand ce Duc même en ce pays fut venu
Comme il fonda premier la Chapelle au Cornu,
Tu conus ce Curé qui confit en prieres
Planta la †-Mont-haut sur nos hautes brieres.

 De mille autres discours tu pourrois volontiers,
Des chroniques bâtir, moy des liures entiers,
Liures par qui plusieurs porteroient de l'enuie
Aux siecles de nos iours plus qu'aux iours de leur vie
Mais tu ne hais rien plus & tout ton passe-tems,
C'est d'accuser le Ciel ou maudire le tems.

 Iamais au gré d'autruy ta vielle ne sonne,
Et jamais a ton grè ne s'accorde personne,
Tu ne vis qu'en l'excez de tes rares vaisseaux
Tu ne faits qu'amasser des hardes à monceaux,

Pourueu qu'en ton Enfer tu viues à ta poste,
Pourueu qu'Home ne femme au monde ne t'accoste
Qu'aucun pauure à ton huis ne se presente pas,
Lors qu'au foyer tu prends ton infame repas,
Que tes coffres soient plains de nippes ramassées,
Tes senats bien chargès de jarbes bien tassées,
Que de sidre épargné tes celiers soient garnis,
Que ton saloir soit plain, tes greniers bien fournis,
Que ton feu iour & nuit viuement s'entretiene,
Que la paix dans la France à iamais se maintiene,
(Car si iamais la Guerre a vieille fit terreur)
Cette vieille sur tout à la guerre en horreur.
Voila, vieil gouffre infame, vsuriere execrable,
Vieille chauue-souris, vieil chancre insatiable,
Voila l'heur de ta vie & les belles façons,
Dont le Diable te fait tous les iours des leçons,
Ce qui fait qu'apresent tout le monde t'abhorre,
Et que pire on te tient que Sodòme & Gomorre.
 En vain le plus souuent tant de freres Prescheurs,
Vìènent dans la parroisse exciter les pecheurs,
En vain nos bons Curez dans le prône t'exhortent
A quitter ces pechez où les Diables te portent,
Ton cœur en ces assauts est plus ferme cent fois
Qu'vn cheual de trompette au milieu des tournois;
Tu penses toû-jours viure, & iamais, vieil Athee,
L'on ne veid de la mort ton ame epouuentèe,
Mais tu te trompes fort; la mort vieille Nostra,
Dont maitresse tu fus ta maitresse sera,
Tes efforts y sont vains; c'èt enuain que tu penses

Fère contre la mort tant de vaines depenses.
Ie veux que sur ton front tu portes sa coulleur,
Que tu sois sa sœur propre, elle ta propre sœur,
Qu'en effroi, qu'en effet tu luy sois comparable,
Et qu'elle deût auoir pitié de son semblable,
Tout cela n'y fait rien, tout cela ne peut pas,
Retarder l'accident de ton proche trèpas :
La mort n'a point d'amy ; Que si sa force mème
N'espargne pas des Rois la dignité suprème,
Toy vieil gouffre d'Enfer, toy vieil gouffre maudit,
Penses-tu sur la mort avoir plus de crédit ?
　Tu n'as membre sur toy, miserable chenille,
Qui sur ton pauure cors tiéne à clou ni cheuille,
De-ia le triple-chien de l'Enfer pallissant,
Va d'vn gosier affreux ton esprit menaçant,
De-ia vers l'Acheron la courante t'emporte,
A paine porte tu ce bâton qui te porte,
Les Chouettes, les Iays, les Corbeaux, les Huans,
Qui vont sur ton Enfer iour & nuit bauolans
T'importunent sans cesse & somment ta carcasse
De te rendre à la mort qui tes membres fracasse,
Tu n'es plus qu'vn vieil Lut sans touche & sans accors
Sans timbre vn vieil tambour, sans ame vn pauure cors
Cors sur qui la douleur qui te tient assiegee
Exerce incessamment sa fureur enragée.
Tes meubles maintenant n'ont plus icy de lieu,
Tu peux bien en ces vers leurs dire cet Adieu.
　Cheres Vaches à lait que i'ay si bien nourries !
Mes moutons bien-aimés ! mes Brebis plus cheries !

Petits cochons niquets, qui grondiez après moy,
Lors qu'à vôtre besoin ie vous portois de quoy,
Poulles, poullets, poussins, vous mes autres volailles
Que ma main nourrissoit & de grains, & de pailles,
Vous Sereines à crayme, & vous pots à caudel,
Terrines, pots à beurre, & vous pots plains de miel,
Lard, Sidre, blé, Lanfaiz, vous mes cheres Cotelles,
De tané, de Morquin, antiques & nouuelles,
Linge, lange, que i'è depuis cent ans & plus,
Gardez si cherement dans mes cofres reclus.
Adieu, meubles, Adieu, dont le soucy me blesse,
Puis qu'en laissant le monde il faut que ie vous laisse.
Plût à Dieu que mes yeux onc ne vous eussent veus ;
Puis qu'à ce coup mes yeux par la mort sont deceus
Qui de vous voir toû-jours ayant tant de créance
De vous plus voir iamais ont perdu l'esperance.
En vain si doucement ie vous ay conseruez,
Puis qu'encontre la mort vous ne me preseruez.
Pour viure toutte en vous i'é negligé ma vie,
Pour vôtre seul sujet i'è mon ame asseruie,
Dans vn gouffre infernal de péchez qui me font,
Naître la crainte au cœur, la frayeur sur le front.
Iamais la mort n'auoit logé dans ma memoire
Et n'eus oncques soucy de Dieu ni de sa gloire,
De mes pauures parens ie n'ay point eu de soin,
Et n'ay pas assisté les pauures au besoin ;
I'é toû-jours affronté les hommes & les femmes,
Par rancunes les vns les autres par les blames,
Si bien que ie me sens coupable des enfers,

Si celuy qui pour nous tant de maux a souffers,
Ne regarde en pitiè celle qui sur la Terre,
Ne vécut que pour fére aux gens de-bien la guerre.

LES PISTOLLES

ov

L'INIVRE DV SIECLE

A

M. de Chavliev-Bovrget
Conseiller du Roy, au Parlement
de Normandie.

SATYRE.

C'est vn Diable de fait qu'vn homme èt mort au monde,
Qui mèprisant les biens sur la vertu se fonde !
Qu'vn ladre, vn vsurier, qu'vn vieil Bouc infecté,
S'il a le plus d'argent soit le mieux respecté,
Comme si l'or deuoit (par maniere de dire)
Comme Singes coiffez dans le Ciel nous conduire.
  Siecle ingrat ! siecle aueugle ! où l'Auarice a fait
Du vray siege d'honneur vn siege putrefèt ;
Où les esprits plus fols font voir en toutes places

Sur les sages esprits leurs horribles grimaces,
Font de tout bois Mercure, & par vn sot mépris
Vont sans foy, sans respect, toutes sortes d'esprits,
Mesurant au niueau de leurs cerueaus friuolles
Non selon leur vertu mais selon leurs pistolles !
 Maudite faim de l'Or ! hè que ne fais-tu pas
Pour attraper le monde en tes mortels apas ?
Par toi, maudit Argent, la vertu perd son être,
Et par toi le valet est maître de son maître.
L'argent surmonte tout, l'Argent pernicieux,
Chassa du monde Astree & Saturne des Cieux ;
Par toi monstre infidèle, où le sot peuple aspire,
L'orfelin meurt de faim & la vefue soupire ;
Tu fais que le plus flasque, en ce siecle tortu,
Tient le piè sur le gorge aux hommes de vertu ;
Qu'il n'èt château si seur, qu'il n'èt ville si forte,
Qu'vn Asne chargé d'Or facilement n'emporte,
Iupiter n'eût pour rien Danaë surmonté
S'il n'eût bien que diuin ta figure emprunté.
Par toi qui tout le monde as mis en decadence,
Les chiens, perfide argent, sont parmi la depense,
Par toi Tygre enchanteur, que flatter ie ne puis,
Iudas liura son maître entre les mains des Iuifs,
Ta force tout par tout maintenant fait la voië,
Si le Diable estoit d'Or il deuiendroit monnoië ;
Tu fais par ton astuce, & par ton seul pouuoir,
Que le noir semble blanc, que le blanc semble noir !
Argent maudit du Ciel, vieil Tyran de la Terre,
Affronteur, charlatan, vray fusil de la guerre,

Brise-paix, boutefeu, sorcier, malin esprit,
Peste des gens de bien, du monde l'Ante-Christ,
Ioüeur de passe-passe, inuenteur de Triacles,
Dont les traîtres effets sont tenus pour miracles
Dans la pluspart du monde, où tant de fols mortels
Te consacrent des vœux, des Temples, des autels.
 Et de fait qui voudra considerer tes forces,
Qu'èt-ce que ne font point tes pipeuses amorces?
Elles font esquiuer, comme trets empennez
Ceux qui sont piedz & mains aux prisons enchainez,
La bourse rand partout (qui d'argent est pouueuë)
La parole aux muets, aux aueugles la veuë,
Les crimes par Argent sont au monde commis,
Et les crimes par lui dans le monde remis,
L'argent fait auiour-d'huy qu'vn chancre insatiable
Quitte son propre Dieu pour se donner au Diable,
Par sa ruze, où les cœurs des mortels sont prefix,
Le fils plede à son pere & le pere à son fils;
L'argent fait qu'auiourd'hui maintes fèmes pudiques
Font banccroute à l'honeur pour se rendre lubriques.
Qu'vn Moyne vit sans regle, & le marchand sans foi
Sans jugement le Iuge & l'Auocat sans loi.
Que les sages sont fols, que les justes chancellent,
Et que contre leur Roi les sujets se rebellent,
L'argent fait qu'vn Corsaire, en l'Eglise ètabli,
D'auarice, de luxe, & d'orgueil est rempli,
Qu'au sang de l'inocent l'homicide se plonge,
Sous le masqu'emprunté d'vn perfide mensonge,
Que l'homme iuste souffre, & que les plus méchans,

Pour se licencier portent la clef des chams,
Bref que les gens de bien sous le joug sont feruilles
Tandis que les voleurs commandent dans les villes,
Que l'vsure foisonne & qu'elle fait encor
Du iuste bien d'autrui son iniuste tresor,
Qu'elle rand la Iustice àpresent tributaire
Sous l'iniure du tems, ou s'il faut au contraire,
Qu'vn homme de merite ait tué de mal-heur,
Non vn homme de bien, mais vn puissant voleur,
Ou qu'il soit conuaincu de quelque malefice
Ou soit par faux témoins, ou bien par artifice,
Il a beau raisonner si iamais il est creu,
Beau mettre au iour sa gloire, & son merite en ieu,
Morte est en son endroit toute misericorde,
Et si l'argent n'i passe, il passe sous la corde,
Si Dieu, qui de ses vœux est l'Asyle asseuré,
Ne prend sa cause en main, son inocence en gré.

 Hé que diré-je plus! & quelle encre asses noire,
Quel funeste pinceau, quelle étrange memoire,
Quelles langues; quels vœux, quels critiques discours
Pourroient tracer tes trets, tes ruses & tes tours?

 Celui fut bien maudit qui forgea dans le monde
Cette horrible Chimere en tant de maux feconde!
Chimere qui broüillant l'Estat du siecle d'Or,
L'asseruit sous son joug, & sous ses loix encor:
Celui di-je imita l'erreur d'Epimetee,
Qui de Pandore ouvrit la boëtte infortunee,
D'où tant de soins cuisans & de mal-heurs diuers
Infecterent le cors de ce grand Vniuers.

Ainſi cet hydre affreus, come vn cheual de Troie
Met non la France en trouble ains tout le monde proie.
Les iuſtes il detruit, rand les méchans abſous,
Met la Terre en deʒordre & le Ciel en courrous,
Il fait qu'vn Gentil-homme a quitté ſon épee
Pour rendre ſa fortune à l'vſure occupee,
Qu'il s'y fét des ſujets & s'y rand leur Seigneur
En titre d'vſurier, non en titre d'honneur,
Qui traçant le chemin des plus ſordides hommes,
Bronche en la qualité des autres Gentils-hommes,
Qui Nobles en effet, comme nobles de nom,
Aimeroient mieux mourir que viure en tel renom.
   Ainſi naguere fit certaine Damoiſelle,
Qui d'argent amoureuſe & de l'Amour bourrelle,
Prefera l'auarice aux honneurs ſouuerains
Pour brocher de cent clous ſes ſouliers à neuf points.
   Bref l'argent va paſſant, comme en titre d'office,
Tant d'abbus qu'on remarque au fait de la Iuſtice,
Où, par force d'argent, où par force d'amis
Les courtaux de boutique à preſent ſont admis:
Où tout ainſi que ſont les lettres de maîtriſes,
Les lettres de licence à chacun ſont permiſes,
(N'en deplaiſe, BOVRGET, à tant de bon Doƈteurs,
Qui d'vn deſordre tel ſont les premiers auteurs,
Et qui pour quinʒe écus font qu'au temple d'Aſtree,
Toutes ſortes d'eſprits ſe donnent de l'entrée.)
   Si les ânes parloient & qu'ils euſſent de quoi,
Les plus ânes feroient aux plus doƈtes la loi,
Il prendroient la ſutane & tiendroient leurs écoles

Pour faire des amis & gaigner des Piſtoles.
 Vn maître Iean Farine, vn Singe embeguiné,
Sera plus en credit qu'vn eſprit bien tourné,
Le ſçauoir de ce tems à preſent ne conſiſte
Qu'à cheualler l'argent, comme vn lieure à la piſte.
Si le diuin Platon viuoit encor vn coup,
Il ſeroit mieux ſiflé cent fois qu'vn pauure loup,
Sans ce maudit argent que ce tens deïfie,
Il mourroit miſerable en ſa Filoſofie,
Temoins cent beaus eſpris, qu'en ce tans i'è cónus,
Qui n'i furent iamais d'vn tournois reconuʒ,
Qui fuſſent mortʒ de faim ſi, quittant leur patrie,
Ils n'euſſent rencontré, par leur rare induſtrie,
Quelque chance meilleure en des lieux étrangers,
Comme font en Hyver les Biʒets paſſagers.
 C'èt pourquoi nous voions tant de ieunes emplâtres
Monter ſur nos Trotoirs comme ſur des Théàtres,
Qui (bien qu'apeine ils aient l'ècale hors du cù)
Ne prenent le bónet que pour croquer l'ècù,
Pour tenir lieu de rang, conſeruer la richeſſe
Qu'vn Courtaut de boutique auarement leur laiſſe,
Auancer leurs parens, & dóner des auis,
Selon que plus où moins ils en ſont pourſuiuis,
Se fere bóneter quand ils vont par les ruës
Non par des gens d'eſprit, mais pluſtôt par des Gruës,
Qui tâchans de gaigner quelque mèchant proceʒ
Se perdent lâchement pour gaigner leur acceʒ.
 Telle èt la cruauté de ce tens où nous ſommes,
Qui la vertu ballance aux piſtoles des hommes,

Qui gangrenent le peuple, & doublent tous les iours
Aux depens du public leurs manteaux de velours,
Se carrent comme Paons lors qu'ils vont par la voie,
Changent leurs bas de laine en riches bas de soie,
Se poudrent la perruque, & qui portent encor
La Parie, le Satin, le Perfum, le Castor.
 Quand ie voi ces esprits dont la vaine arrogance
Tâche, sous la faueur d'vne telle apparence,
Cacher mille deffaux qu'on remarque chez eûx,
Ie les vai comparant à ces Singes venteus,
Qui malgré les efforts de leurs vaines souplesses,
Tant plus qu'ils montent haut, ils decouurent leurs fesses.
Mais qu'vn home au rebours paroisse en tous endroits
Vn Caton en sagesse, vn Cuias sur les loix;
Qu'il fasse bien en vers qu'il fasse bien en prose,
Qu'il ait la façon brusque, & l'humeur bien dispose,
Qu'il ait la voix diuine, & le Lut bien en main,
Le iugement solide, & l'esprit plus qu'humain,
Qu'il soit bien à cheual, qu'il tire bien des armes,
Que ces braues discours n'enfantent que des charmes,
Qu'il soit humble, courtois, qu'il soit l'honeur du bal,
Qu'en fait de conscience il n'ait iamais d'ègal,
Qu'il soit de noble race, & viue sans reproche,
Que iamais le peché de son ame n'approche,
Qu'il soit net d'auarice & d'vsure tout franc,
Qu'il aime son prochain comme son propre sang,
Qu'il s'expose à la mort pour ceux de sa Prouince,
Qu'il prodigue son sang pour l'honeur de son Prince,
Qu'il veille sur l'etude & de nuit & de iour,

Qu'il hante à ses depens les beautez de la Cour,
Qu'il merite à bon droit d'y gaigner pour Métresse,
Non la fille d'vn Duc, mais vne grand' Princesse,
Qu'il frequente l'Eglise, & que ses actions,
Ne dementent iamais tant de perfections,
Qu'il plonge son esprit dans les Mathematiques,
Qui aprenne du Ciel les mouüemens obliques,
Qu'il sache du Soleil le cours essenciel,
Qu'il conoisse la Lune & les astres du Ciel,
Qu'il penetre atravers de l'vn & l'autre Pole,
Come vn seur Medecin autour d'vne Phiole.
 Il a beau supputer si son docte Almanac,
Lui predit rien plus seur qu'vn infame bissac,
Si, quittant ce Métier, & celui de la Muse,
A suivre vn autre train son Esprit ne s'amuse.
La Lune, & le Soleil, & Phebus sans Argent,
Tous celestes qu'ils sont, lui sont moins que du vent.
En toutes ses vertus il trouue toû-jours blanque,
S'il est manque d'Argent toute chose lui manque.
Chacun lui fait la nique, vn frippon, vn coquin,
En fait moins de recit, qu'il ne fait d'vn faquin,
C'èt vn sot sans Argent, sans Argent c'èt vn Buffle
Que l'iniure du tans va menant par le muffle;
Buffle, qu'on prize moins qu'on ne fait vn fétu,
S'il n'èt plus riche en biens, qu'il n'èt riche en vertu.
 Ie sçai qu'vn sage Esprit, qui sur son Dieu se fonde
Peut viure nettement dans l'ordure du monde,
Pourueu que sans mot dire il sçache bien parler,
Fére le Sourd, l'Aueugle, & bien dissimuler,

Recercher, cóme Vlyſſe, en dépit de l'envie,
Dans le trouble des flots le calme de ſa vie;
Marcher droit au chemin des eſprits plus tortus,
De vertus fére vice, & de vices vertus,
Se roidir aux trauaux, &, parmi les orages,
Fére plûtôt qu'au Port paroître nos Courages;
Reſoudre au jet d'autrui nôtre iét & calcul,
Fére de cul ſa bouche, & de ſa bouche cul,
Boire indifféremment auec l'hóme infidele,
Régler nôtre cadence au ſon de ſa vielle,
Diſpoſer nôtre hùmeur aux hùmeurs de tous vans,
Et forcer le tans mème en la force du tans,
Paroître bruſque, & gay, parmi les bónes mines,
Briller cóme vne Roſe, au milieu des épines,
Harder, vendre, emprunter, marchander à tous coùs,
Pour cent écus d'étoffe, & n'auoir pas cent ſous.
Prendre tout en paiement, & baiſer en la face,
Celui qui ſe perdant nôtre perte pourchaſſe,
Se vanter librement, promettre monts & vaux,
Fère voile à tous vens, & boire à toutes eaux,
Ne rendre qu'à demi ce qu'on nous prète au double
Troubler l'eau de la péche, & pécher en eau trouble,
Fére ſon bien privé du dòmage comun,
Se curer la màchoire alors qu'on èt tout ieun,
Traitter en lieu de mieux tous ſes amis d'excuzes,
Paier les Vſuriers, de diſcours, & de ruzes,
S'humilier en Terre, ainſi que les Chameaux,
Lors que ſur nôtre dos, on charge des fardeaux,
Danſer l'épine au pié, d'vn Diable fére vn Ange,

Et se grater le plus où le moins on se mange,
Paroître vrais François qui vrais Cameleons,
Changent toû-jours de forme, & toû-jours de façons,
Porter mêmes habits, & sous mêmes étoffes,
Fére voir qu'en effet nous sômes Filosofes,
Dóner l'Argent au Diable, au Temple notre foi,
Nôtre creance à Dieu, nôtre seruice au Roi.

LES PICOREVRS,

OV

LE DESASTRE DV PAVVRE PEVPLE

durant les derniers troubles,
de l'annee 1610.

A MONSIEVR DE BORDES

Gentil-hôme Normand.

I'AVOIS *la plume en main pour tracer le discours*
Des vertus d'où mon Prince a fét naître le cours
De son eùreus printens, dont les iustes victoires
Font revivre la Muse & parler les histoires:
Lors qu'vn ieune pitaud me dit (tout éperdu)

Les ſoldats ſont au bourg, Monſieur, tout èt perdu.
Cette engeance d'enfer, que la faim époinçòne,
Froiſſe tout, pille tout, ſans reſpect de perſòne.
Ils ont le Diable au cors & iurent deuant tous
Que par la digne téte ils logeront chés vous.
 I'aurois i'aurois horreur de vous dire de bouche
Les deſaſtres qu'ils font, & dont le cueur me touche,
Ce ne ſont point ſoudars, ce ſont des picoreurs,
Qui ſont de l'Antechriſt les vrais auan-coureurs.
Leurs buletins ſont faits, & dé-ja par la voië
Còme lous affamés, ils courent à la proië.
Ils ont preſque Flipin tué d'vn coup d'eſtoc,
En deffendant Ianet ſes poules & ſon coq.
Ils ont rompu ſon meuble & ſa fème Iſabelle,
A perdu ſon lanfaiz, ſon fil & ſa cotelle;
Ils ont mangé ſa creyme, ils ont ſon lard ravi,
Jamais vn tel deſordre au monde ie ne vi.
 Du bon hòme Colin, ils ont pris la lanterne
Et l'ont mené battant iuſques dans la taverne,
Ils ont ſur ſon manteau quatre francs dépenſé
Et pour le mème écot chès l'òte ils l'ont laiſſé.
Aprés étre bien ſouls, aprés étre bien yvres,
Ils ont pris du Curé la ſòme de fix livres,
S'il ne leur eût bientôt cét argent deliuré
Ils euſſent eu ſa Robbe & ſon bònet carré.
 Vn vieil petit ſoldat plus difforme qu'vn ſinge
A pris chès Aliſon ce qu'elle auoit de linge,
Nòs ſergens, qu'on tenoit bien plus qu'eus inhumains,
Ont mis bas leur baguette & paſſé par leurs mains,

*Ils ont beu tout leur fidre, & mangé leurs poulailles,
Leurs cheuaus, leur auoine, & leurs foins & leurs puilles.
Ie n'ai veu si coquin & si chetif goujart
Qui n'eût dedans sa main vn lopin de leur lard.
Leur baguette à ce coup a fét place à l'épée,
Chacun en ce pillage emportoit sa lippee.
Chose étrange de voir contraindre les sergens,
Qui tous seuls font métier de contraindre les gens.
Mais baste, c'ét la guerre ! il faut, malgré les hômes,
Supporter les malheurs de ce tans où nous somes,
Il faut, en lieu de mieus, prendre engré tant de maus,
Peut être nos pechez nous causent ces trauaus,
Il ne faut s'étôner s'ils vont troublant la Terre
Puisque contre le Ciel ces voleurs font la guerre.
Ils ont dans nôtre Eglise vn cors de garde mis,
Sans respect ni de Dieu, ni de saincts, ni d'amis.
Ils profanent le Temple, ils gauffent les Images,
Et par forme d'abus leur randent des hommages.
  L'on a beau leur prêcher que le Roi n'entend pas
Le desastre qu'ils font, où se fondent leurs pas,
Le trouble ét leur repos, le repos ét leur trouble,
Lorsque la Paix sur nous maintenant se redouble,
La guerre seulement les peut encourager.
Qui leur parle de paix, il les fét enrager,
C'ét en vain que le Roi leur deffend la discorde
A paine de la rouë, à paine de la corde.
  Ils sont plus acharnés sur l'iniure du tans
Que ne sont sur vn bœuf les guespes & les Tans.
Encores si c'estoient quelque gens de remarques,*

Et qui de vrés soldats portassent quelques marques,
Si c'étoient des soldats, comme beaucoup ie voi,
Resolus de mourir au seruice du Roi,
Ie prendrois patience, & i'aurois mème enuie
D'i perdre, ainsi comm' eus, & les biens & la vie.
Mais ce sont gens de paille, & gens qui sans aueu,
Voudroient bien voir helas! la pauvre France en feu.

 Pleût à Dieu que mon Prince eût assez de courage
Pour voir ainsi que moi leur horrible équipage!
Il croiroit, en voyant ces Tygres dépraués,
Que tous les Hospitaus de France sont creués.
Quelque part que la faim & la fureur les mènent,
Leurs actes en font foi, leurs armes le témoignent,
L'vn a la iambe nuë, & le cul découuert,
L'autre èt tout plain de galle & de pous tout couuert.
Ceus qui de leur cohorte ont les meilleures mines
Sont vétus de loudiers & de vieilles courtines.
Leurs sergens, leurs fourriers, leurs braues corporaus
De valises de froc, de droguet, de drappeaus.
Ce que ie vis de plus, c'étoient leurs Capitaines
Qui de çà, qui de là, les guident par centaines,
Leurs plus dous passe-tans, leurs plus comuns ébas
C'èt de gratter leur cul, quand leurs armes sont bas.

 Ces fameus Argoulets, ces superbes gen-d'armes,
Ainsi que leurs habits, portent ici des armes,
L'vn porte vne Rapiere à son noble coté,
Dont les chiens de village ont le fourreau gâtè,
Il porte sur l'épaule vne arquebuze à méche,
Pour tirer sur la poule, & non pas sur la bréche;

Le fût en' ét pourri, le canon n'en vaut rien,
Pour être net par tout, côme le cul d'vn chien.
Il a sa méche fait du lien d'vne Vache,
Que lui méme écorcha chez le voisin Eustache.
Il n'a rien qui soit sain, il n'a rien qui soit neuf,
Il n'a, pour fourniment, qu'vne corne de bœuf.
Sous ces riches lambeaus, aussi nets qu'vne Truye,
Paroît vne chemise aussi blanche que suië.

Vn autre se fait voir par tout, sinon au choq,
Portant dessus la tête vne plume de coq,
Il ét sur le poussin plus subtil qu'vn écousle,
Marchant à pas d'Oison ses souliers en pantousle,
Côme un vieil Bouc qu'on châtre il va roüillant les yeus,
Detestant les Enfers, & la Terre, & les Cieus.
En ses braues repas on le voit aussi sobre
Qu'vn vieil bourot de Mars, qu'vn vieil poussin d'Octobre,
Fideles côme écueils, aussi promts aux effets,
Qu'vne tortuë au feu, qu'vn Asne sous le faix.

Ie les vei de la sorte, & tous leurs Camarades,
Font de mémes effets, font de mèmes parades,
Diuersement armez, ici, plein de valeur,
L'vn porte en lieu de mieus, vne fourche à chatreur.
L'autre porte vn bourdon, l'autre tient, magnifique,
Vne picque sans fer, & l'autre vn fer sans picque,
L'autre porte en sa main vn bâton à deux bouts,
Non pour des cous dôner, mais pour fuir aux cous.

Ils ont peu de Mousquets, ces armes leur sont rares
Autant qu'aus Sarrazins, autant côme aus Tartares,
Ils sont (ce disent-ils) ainsi prou suffisans

Pour combattre la poule, & battre les paiſans,
Ils vont fort bien de rang (ſi ce n'èt quand les Mouches
Font ſur leur pauvre peau cent vives ècarmouches)
Ils ſont pourtant cruels, & ſont, ſous tels habits,
Pires aus bònes gens, que les lous aus brebis.
 A tant de longs diſcours ie ne ſçeu que répondre,
Fors que le Diable en bref pùt telles gens confondre.
 A peine ai-ie fini, qu'en l'hùmeur où ie ſuis
Cinq ou ſix grands voleurs ſe trouuent à mon huis,
Crians, tintamarrans, frappans de telle ſorte
Que ie penſois dè-ia voir en pieces ma porte.
 Lors ie leur parle ainſi, còment ? hé! dites moi,
Eſt-ce ainſi, mes amis, qu'il faut ſeruir le Roi ?
Qui dònant derechef, par ſa ſeule vaillance,
La frayeur au rebelle, & la paix à la France,
Vous fait comandement, à peine de la mort,
De retourner chez vous, & ceſſer tout effort:
Il ét tans qu'vn chacun penſe de ſa retrète,
Sans plus fére la guerre où la paix ſe void féte.
Allez doncques ailleurs ſans plus venir chez nous,
Le Roi ſe paſſe bien de telles gens que vous,
Vous faites qu'à preſent la pauvre Normandie
Se void reduite au poinct qu'il faut qu'elle mendie,
Si le Ciel ni dòne ordre, & ſi mon Prince en bref,
Sur vòtre impieté ne tourne ce méchef.
Eſt elle point aſſez d'autres chancres mangee,
Sans qu'elle ſoit encor par vos mains outragee ?
Vos accez importuns reſemblent à ces flòts
Qui vague de ſur vague écument ſans repos.

Quand vous aurez succè son sang iusqu'aux entrailles
De quoi subuiendra-t-elle au paîment de ses tailles?
De même aus beaux iardins les Cantharides font
Qui gouspillent les fleurs qui les plus rares sont.
La nature des Lous plus que vous et humaine,
En mangeant la brebis ils reservent la laine,
Lorsque vous vous ruez sur vn pauvre troupeau
Vous mangez tout ensemble & le sang & la peau.
 En ce triste suiet qu'en ces vers ie raconte,
Craignez-vous point, soldats, la recerche & le conte!
Normans vous ressemblez aus vipereaus mal-nez,
Qui naissant font mourir ceux qui les ont formez,
Vous devriez bien plutôt sur le Turc, ce me semble,
Exercer vos rigueurs sous qui le peuple tremble,
C'èt là, mes bons soldats, non point chez vos voisins
Qu'il vous faut remplumer de plus iustes butins,
C'èt là, qu'vn iour mon Prince ami des destinees,
Doit enrichir le cours de ses ieunes annees.
Attendant ce bon-heur retirez vous sans plus,
Ainsi que Limaçons en vos quartiers reclus,
Les iustes maintenant ont tout ce qu'ils desirent
Les plus braves soldats, sinon vous, se retirent,
Et quand Mars regneroit (Dieu merci comme non)
Il vous èt deffendu d'entrer en ma maison,
Mon logis èt exant, & surtout prenez garde,
D'vser de force ici, voila ma sauue garde.
Si vous êtes du Roi, comme nous, seruiteurs,
Vous devez faire état de ses propres faveurs,
Pour sauver ma maison le Roi me l'a donnee,

Vn grand Prince du sang de sa main l'a signee,
En faveur d'Apollon, dont il èt fauori,
Et dont i'é cóme lui l'honeur d'étre cheri,
Mais quand bien vous voudriez abuzer de sa grace,
Et forcer ce logis où ie fai mon Parnasse,
Vous perdriez tans, Messieurs, & ne gaigneriez rien,
Ce n'èt qu'vn lieu desert, & manque de tout bien.
En cette solitude où mon esprit s'amuse,
I'entretien mes humeurs, ie caresse la Muse,
Qui durant ces maleurs n'i vit le plus souuent,
Que d'espoir, de regret, de chansons & de vent,
Vous ne verrez ici pour tout meuble, & tous vivres
Qu'vn lit, vn lut, vn feu, des Tableaux, & des livres.
Ce n'èt point ce qu'il faut à des gens comme vous,
Qui sont, comme l'on tient plus affamez que lous.

 Si vous desirez viure en plus grasse cuisine,
Il faut vous addresser chez ma proche voisine,
C'èt vne riche vieille, où ie suis asseuré,
Que vous serez traittez chacun selon son gré,
Elle a du sidre en caue excellent à merueilles,
Et qui n'a point encor senti les cous de veilles,
Son salloir èt fourni, son grenier plein de grains,
Et presque ses sinots de beurre sont tous plains.
Ici, malgré ses dens, fussiez vous quinze ou seize,
Vous vivrez plainement, vous vivrez à vótre aize,
La boure, le canard, la pyrote & l'oison
La poule & le poulet s'i trouvent à foizon,
Quiconque, ainsi que vous, sçait iouer de la pince,
Y peut, non en soldat, mais s'y tréter en Prince.

I'achevois; quand vn Tygre horrible & furieux
Me dit, vous dites bien, mais de l'argent vaut mieux.
I'en auré par le sang, i'en auré par le ventre,
Si non, force ou non force, il faut enfin que i'entre.
Oui, Monsieur, par la mort, i'entreré là dedans,
En dépit de la Muse, en dépit de vos dens.
Par la tète, il n'i a Sauve-garde si forte,
Qui me puisse empécher d'enfondrer ceste porte,
Tant de discours sont vains, point ie ne me repais
De menaces, de vers, de trefves ni de paix.
Si vous me parlez plus de ces vaines excuses,
Ie brûleré les luts, les livres & les Muses.

A ces propos sanglans, tout le sang me gela,
Vne froide sueur sur mon front se coula,
Forçant en cet endroit mon humeur coutumiere,
Ie bride, en sou-riant, ma colere première,
Ie m'offre à son pouvoir, & lui iure, Monsieur,
Ie suis, asseurez-vous, votre humble seruiteur,
Mon logis ét tout vôtre, & voiez ie vous prie,
Si i'uze en votre endroit de quelque menterie.
Ie ne suis point, Messieurs, fâché de vous y voir,
Mais de quoi ie ne puis vous y mieux reçevoir,
Ie n'ai ni pain, ni vin, ni vaisseaux, ni marmites,
Dignes de vôtre accez, dignes de vos merites,
C'ét de quoi ie me deuls, & me fâche de quoi
Vous n'ètes, mes amis, les mieus venus chez moi.
I'ònore les soldats, i'ònore les gend'armes,
Qui porte hòneur au Roi, doit hònorer les armes.
Si selon vos valeurs vous étiez reconus,

Vous seriez mieux armez, vous n'iriez pas tous nus.
Ie sçai que la fureur, qui souvent vous possede,
Ne vient que de ce point, d'où la nòtre procede.
Durant ce tans pervers, nous somes còme vous.
Durant ce tans, Messieurs, vous ètes còme nous.
Mais plus eùreux que nous de beaucoup ie vous nòme.
Vous vivez librement aus dépens du bon hòme.
En ce saint tans de guerre, où tout vous ét permis,
Vòtre valeur vous rend vos ennemis amis.
 Tout cede à vòtre accez, où chacun vous redoute,
On incague la Muse, vn chacun la deboute,
Où vous ètes logez, l'on vous iette dehors,
Où l'ame vous auez, nous n'avons que le cors.
Les espris de ce tans font moins de cas des Poëtes
Qu'ils ne font de corbeaux, qu'ils ne font de chouëtes.
Nous qui solions gausser les hòmes vicieus,
Et faire vn pié de nez sus espris envieus.
Nous qui cerchant l'accez des Chàteaus & des villes,
Rendions tant de faquins dessous nos lois serviles
Qui pouvions, còme Dieus, charmer, en tous endrois
Des Princes le courage, & l'aureille des Rois,
Chacun en tans de paix, chacun en tans de guerres
Nous traite còme fols, nous traite còme herres.
Vous n'ètes pas ainsi : car, pour le faire court,
Où l'on nous fait la nique, on vous fera la cour.
 I'eusse encor discouru, quand sa morgue sevére,
Me dit, sans dire mot, qu'il ét tans de me taire.
Sans lui dòner le tans d'affronter mon discours,
Ie demeure tout coi, còme vn cheual rebours,

Pour n'étre plus charmé de sa douce eloquence
Ie lui ferme la bouche, en m'imposant silence.
Impatient de voir, la saison & le tans
Qu'ils prendroient chez la vieille un plus doux passe-tans.

Eus, voians donc enfin que le soleil s'abbaisse,
Les voila qu'ils s'en vont chez leur nouvelle hotesse,
Se tenans bien contens & bien mes obligez,
De se voir en tel lieu, si grassement logez,
Moi beaucoup plus heureux, de ce que leur presence
M'a frustré de l'honneur de leur noble assistance,
Sans que ie porte envie à la bone Alison,
Qui tant de gens de bien logea dans sa maison.

L'AVOCAT INFORTVNÉ,

ov

LE DESORDRE DE LA PRATIQVE

de ce Tans.

PETIT *Auocat sans pratique,*
  Petit Auocat sans client,
Que n'és-tu dans vne boutique
A gaigner la piece d'argent?

  Que di-tu, que pense-tu faire,
Petit Auocat, par ta foy,

Espere-tu qu'vn bon affaire
S'adresse à telles gens que toy?

Celui seme à present sur l'onde
Qui fonde au Barreau son dessein,
Si Sainct Yues étoit au monde,
Sainct Yues y mourroit de faim.

Veus-tu voir, par experience,
Qui le plus profite au Parquet,
Celui qui moins a de science
Et qui le plus a de caquet.

Tant de fleurs Grecques & Romaines
Qui souloient ces lieus parfumer,
Si ce n'ét aux Courts souveraines,
N'i croissent non plus qu'en la Mer,

L'abbus, le trouble, & les malices,
Le broüil, l'ignorance, & l'erreur,
De ces paradis de delices,
Ont fait vn abime d'horreur.

Où cent cliens soloient parétre
Ils n'auoient que six Auocas:
Où cent Auocas on voit étre
Six Cliens ne se trouvent pas.

Le plus foible étoit plus robuste,
(Si le plus féble auoit bon droit)

Le plus fort etoit le moins iuste
Si le plus fort étoit sans droit.

Le Iuge étoit incorruptible,
Et le Greffier toujours bridé,
L'Auocat étoit infléchible,
Le Public sainctement gardé.

Les Iuges étoient en leurs chaires,
Doctes, redoutez, & fameus,
Les Regrattiers & les boucheres,
Etoient sans bouches devant eux.

Tout se vuidoit par le silence,
Vn chacun étoit satisfait,
Car le Iuge, en méme balance,
Iugeoit chacun selon son fait.

Tout va tellement au contrere
En ce maudit siecle de fer,
Que le Diable y tiendroit sa chaire,
Si le Diable étoit hors d'Enfer.

Le Iuge étoit sans réprimande,
Le Greffe étoit sans contredit,
Car le Greffier, creignant l'amande,
N'outre passoit iamais l'Edit.

Vn Auocat Docte & modeste
Pledoit vn fait selon les loix,

Toûjours le Code & le Digeſte
Accompagnoient l'air de ſa vois.

L'on void ſur le bord de ſa foſſe
Vn vieil chancre auare & maudit,
Pleder une affaire auſſi fauſſe,
Que le Diable qui le conduit.

Que n'es tu donc en la boutique,
A gaigner la piece d'argent,
Plutôt que d'être ſans pratique,
Plutôt que d'être ſans client ?

Ie te compare en ta folie,
Qui ton eſprit quitte au beſoin,
A quelque pauvre âne qu'on lie
Auprés d'vn Râtelier ſans foin.

Ie ſonge, en voiant la maniere
Où ton pere ici t'a placé,
A ces Beziers de Pépiniere
Qu'on plante au coin d'vn vieil foſſé.

Triſte Rouët ſans eſcopette,
Triſte eſcopette ſans Rouët,
Tu reſſemble vn pauvre Trompette
Qui faute d'haleine êt muet.

L'Auocat en vain ſe mènage
De bonet, de robbe, & de vois,

S'il ét sans lois, & sans vsage,
S'il est sans vsage, & sans lois.

 C'ét sans usage, vn cors sans ame,
Sans lois, c'ét vn ame sans cors
C'ét aus mains d'vne belle Dame
Vn Lut sans touche & sans accors.

 T'i voiant ie te parangone,
Au pauvre Saint Symforien,
A qui tout le monde se done,
Et ne guarit iamais de rien.

 Pauvre petit soldat sans armes,
Pauvre petit Lut demanché,
Qui te voit, sans ietter des larmes,
Ne fut onc de pitié touché.

 Qui dans ce Barreau te contemple,
Sans répondre au bruit des pledeurs,
Void vn Image dans vn Temple
Au milieu d'vn cent de chanteurs.

 Te voyant en telle apparence,
Tu me fais tellement pitié,
Que ie voudrois en conscience
N'i remettre iamais le pié.

 Tu vois, tandis que tu t'oblige
A ce lieu tout confus de bruit,

Ton pauvre pere qui s'afflige
De t'i voir sans gloire & sans fruit.

Les Forçats qu'on geine sur l'onde,
Sont plus que toy cent fois heureux,
Ils n'ont qu'vn supplice en ce monde,
Pour toi le monde en trouve deus.

Au barreau geiné ie te trouve,
Ton pere au logis t'èt vn fleau,
Lors qu'affamé còme vne louve
Tu reviens sans gain du Barreau.

Le bon home se mécontente
D'auoir consòmé tant de frais,
Pour t'eleuer sur vne attente
Où tu ne t'éleves iamais.

Ta mere qui sans cesse pleure
De te voir si mal fortuné,
Ne fait que maudire à tout heure
Le iour que iamais tu fus né.

Auecques Lede, bien que feinte,
Elle se fait comparaizon,
Qui d'vn Dieu croiant être enceinte
Se voit accoucher d'vn Oyson.

Que t'a profité mainte école
Où ton tans s'èt en vain passé,

Puisque Iazon, puisque Barthole
T'ont en si pauvre état laissé.

Quitte moy cette populace:
Si les ânes parloient, ie croi
Qu'on ne verroit âne en ta place
Qui n'eût plus de causes que toy.

L'on n'oit pas tant de tintamarre
Au milieu d'vne halle à blé,
Qu'on fait de bruit en cette barre
Où l'on te void ainsi foulé.

Ici l'on void vn grand emplâtre,
Quittant la boutique & l'outil,
Còme vn Diable sur vn Theâtre,
Vomir sa verve & son babil.

Parmi ces confuses gribouïlles,
Dont vn parquet ét diffamé,
L'on diroit d'autant de grenoüilles
Qu'on oit crier au mois de May,

S'il faut qu'vn larron te dérobbe
Ta pauvre Robbe en tel état,
Tu seras Auocat sans Robbe,
Et ta Robbe sans Auocat.

Où prendras-tu cinquante livres
Pour relever ton petit cas,

Quand tu voudrois vendre tes livres
Tes livres n'y fourniroient pas.

 Va t en pauvre petit ieune home,
Changer tes livres en argent,
Pour en achatter vne fome
D'orge de feigle ou de froment.

 Si ton courage s'y difpofe,
Quand tu ne gaignerais qu'vn fould,
Il vaut mieus gagner quelque chofe
Que de ne gagner rien du tout.

 Gaignant trois fols chaque iournee,
Gaignant quatre liures par mois,
Tu feras profit chaque annee
De cinquante liures tournois.

 Petit Difciple de Macrobe,
S'il faut foüiller au fond du fac,
Ma Mufe dira que ta robbe
Te fera porter le biffac.

 Au lieu de gaigner force rentes,
Come plufieurs du tans paffé,
Tu n'amafferas que des lentes
Dont tu feras recompenfé.

 En ce tans, où l'on fait la cane,
Il faut pour vivre ainfi come eux,
Prendre la figure d'vn âne
Ou mourir ainfi que les gueux.

PLAINTE OV DIALOGVE

d'vn Vieillard mal-marié.

Hé, que fais-tu pauvre bon-home,
En l'état où ie te voi mis ?
Ie pleure au mal qui me confome,
Et fait rire mes ennemis.

   Si ta douleur tu me veux dire,
Ie veus te doner du fecours ?
Rien ne peut finir mon martyre
Que la mort qui finit nos iours.

   Mais quelle caufe fi preignante
T'afflige en ce cruel émoi ?
Vne femme qui de fervante
S'èt faite maitreffe de moi.

   Bien que ta femme foit fi fière,
Faut-il en ètre auffi marry,
Còme fi c'étoit la première,
Qui fait la barbe à fon mari ?

   Non, mais le mal qui plus me preffe
C'èt pource qu'en effèt ie fcai
Qu'avant qu'elle fut ma Maitreffe,
Vn autre en fit premier l'effai.

Ie veus qu'auant ton pucelage,
Cette femme fot t'ait rendu,
Dois-tu pourtant perdre courage
Pour vn pucelage perdu ?

Tes difcours m'offencent la téte
De me flatter en cet affront,
Car ie ne croi rien de plus béte
Que de porter la corne au front.

Si ton outil qu'elle reiette,
Pour étre manque de pouvoir,
N'avoit trouvé la bréche faite,
Qu'euffe-tu fait en ce devoir !

Tes excufes font apparentes,
Mais pour tout cela s'enfuit-il,
Qu'elle vive à mèmes mes rentes,
Sans fe fervir de mon outil ?

FIN DE LA MVSE SATYRIQUE.

ERATON

ov

LA MUSE AMOUREUSE

SONETTO.

S Venere, ſi Pallade, o Giunone.
Vi ha poſto il Hymeneo lo giogo al collo
E, alle caſte Sorelle, e, al biondo Apollo
Rotta la fede, o; pur altra ragione.
  O, che Cupido ha' forza? Che cagione
E' ben ſouuente a'l huomo dar tal crollo,
Che del piacere poi tutto ſatollo
Vorrebber uſcir de la mortal prigione:
  Non vò penſar però, ne creder voglio
Che la dolcezza de la valle amena
Vi-facci porre in tutto mai in oblio
  Poggiar ſul ſacro Monte: Hor prego Dio
Ch' in pace ſenza lite, ſenz' orgoglio
Godiate quella viſta alma, e ſerena.

A L'AVTHEVR SVR SES AMOVRS

PVISQVE i'ai ce bon-heur de connoiſtre en ce liure
 Celle qui dans le monde immortel te fait viure,
Et qui par tes beaux vers s'immortaliſe auſſi,
N'euſſe-tu que le bien de puiſer de ſon ame
Ces tourmens amoureux qui cauſent ton ſouci
Tu ne dois pas blâmer le ſuiet de ta flame.

DAMOISELLE F. D. B.

ERATON

ov

LA MUSE AMOUREUSE

A MADAME LA PRINCESSE

DE CONDÉ.

PRINCESSE, où la conſtance a montré que perſone,
N'a iamais tant que vous ſa faueur merité,
Puiſque le changement de la proſperité,
N'a point changé cet heur, qui voſtre ame envirōne.
  Tout ainſi que la fleur dans l'épine bourgeōne,
Cōme vn aſtre eſt plus beau parmy l'obſcurité,
La prudence, qui ſuit votre heureuſe beauté,
Dans l'inconſtance humaine heureuſement raïōne.
  C'eſt pourquoi cette Muſe a choiſi vos beaus yeus,
Pour euiter les trets dont tout plein d'envieus
Traverſent nōtre gloire & l'heur de nōtre vie.

Que ſi de vos faveurs, tant de bien ie reçoi,
Quels Demons pleins d'horreur, quels matins plains d'enuie
Oʒeront deʒormais abboyer contre moi?

BALLET MIS SVR LE LVT

en faveur de Madame la Marquiſe de Beuvron

Q̃VAND *la faveur des Dieus*
De vos beautéʒ eut enrichi les Cieux
La Muſe auſſi
Voulut ici,
Les faire paroître à nos yeus.

Les graces, nuict & iour,
Côme à l'envi vous ſuivoient nuict & iour,
Puis tout exprés
Amour aprés
Vous fit tout l'honeur de la cour.

Voyant tant de clartés,
D'appas, d'attrets, & de diuinitéʒ,
Briller ſur nous
Nous fûmes tous
Contrains d'adorer vos beautés.

Chacun en cet acceʒ,
Vous prejugeant du rang des Immortels,

*Ne pût sinon
A vôtre nom*
Offrir des vœus & des autels.

*En ce rare accident,
Pour bien chanter vos honeurs dignement,
Ie ne voudrois
Que votre voix
Et votre lut tant seulement.*

CHANSON.

Donc l'ingratte sans amitié
Ne peut changer pour ma perseuerance.
Son cœur qui n'a point de pitié
Veut que le mien vive sans esperance.
 Lors que ie lui doné mon cœur,
Cette beauté qui me fut si cruelle,
 Deuoit auoir moins de rigueur
Ou ie deuois n'étre pas si fidelle.
 Ces yeux d'où naissent les amours,
Donent la vie au sujet de mes larmes,
 Et mes larmes tout au rebours
Me font mourir au milieu de ses charmes.
 O douce cause de ma mort!
Si mon trépas vous peut rendre assouvie,
 Cessez de m'offencer si fort,
Puisque ie meurs pour vous doner la vie.

AVTRE.

L'ELEFANT surmonte en pouvoir
  Tous les animaus de ce monde,
Le Daufin sur l'eau se fait voir
Tout l'honeur des Poissons de l'onde.
  Minerue preside à la paix,
Et Mars au milieu de la guerre,
Vous passez seule en beaus attraits,
Toutes les beautez de la Terre.

SONETS.

ROCHERS sourds à mes vœus, cotaus, bois, & rivages
  Qui vos eaus acroissez des ruisseaux de mes pleurs,
Campagnes, & vallons, arbres, herbes, & fleurs,
Qui croissez au milieu de ces tristes bocages,
  Si quelquefois Orfee, a forcé vos courages
De ploïer sous l'effort de ses iustes doleurs,
S'il a bien peu fléchir au fort de ses malheurs
Les plus fiers animaus de ces desers sauvages,
  Pourquoi mon lut, mes vers, mes pleurs, mon amitié
Qui vos cœurs vont touchant d'vne méme pitié,
Ne touchent-ils vn cœur plein de rigueur extreme.
  Las! c'ét' encor bien plus d'ouïr plaindre celui
Qui lamente chetif la perte de soi-même
Que celui qui pleuroit pour la perte d'autrui!

Côme vn paintre excellent reprefentoit au vif,
La divine beauté dans mes vers ſi cognuë,
Contemplant tout raui ſa grace toute nuë,
Ie n'apperceu iamais de portret ſi naïf.

L'vne a la bouche accorte, & le regard laſcif,
L'autre de mille attrets ét doucement pourveuë,
Si l'vne tient mon cœur, l'autre aueques ſa veuë,
Rend mon ame èperduë & me retient captif.

Si l'vne n'entend point, l'autre èt ſourde de méme
L'vne ét dure en amour, l'autre en rigueur extrème
Elles ont méme poil, elles ne parlent point.

L'vne a le cœur glacé, l'autre a le cœur de glace,
Bref l'vne & l'autre enfin ne manquent que d'vn point,
L'vne change à tous vens, l'autre oncques ne déplace.

I'avois cent fois iuré de ne retorner plus
Vers la fière beauté que i'adore en mon ame,
Mais quoi? plus i'en ſuis loing, & l'ardeur qui m'enflame
Rend mon eſprit tout morne & mon cors tout perclus

I'ai beau me retirer dans les bois plus reclus,
I'ai beau verſer des pleurs pour éteindre ma flame,
Tou-iours le ſouvenir des beautés de Madame
Entretient dans mon cœur ſon flus & ſon reflus.

Si m'ècartant des bois ie retorne en la ville
Et qu'en paſſant encor ie rencontre vne fille,
Excellente en eſprit & parfaite en beauté,

Vn pire ſouvenir dans mon cœur ſe redouble
Et faut bon grè maugrè, qu'au regret qui mè trouble,
Ie retorne en ce lieu d'où i'étois écarté,

Que les vers en amour ont d'heur & de puissance,
Quand ils sont enfantez d'vn esprit non pareil
Qui vivement touché des rayons d'vn bel œil,
S'efforce d'en auoir l'heureuse iouyssance.

Vaincu de passion, i'avois quelqu'esperance
De flechir par mes vers mon vnique Soleil,
Mais còme en vain les flots agitent vn ècueil
Tous mes vers furent vains sur sa fiere arrogance.

Mais sitòt, mon Dimier, que l'appàt de la Muse
Qui peut mémes charmer le charme de Meduse,
Entra par ses beaux yeus dans son cœur sans pitié,

Elle se rendit calme, & son ame enrochee
Se ressentit d'amour si vivement touchee
Qu'enfin elle a cognu l'air de mon amitié.

Ie pensois que le tans & ma longue poursuite
Deussent enfin finir la doleur qui me suit,
Ie pensois que l'ardeur qui mon repos détruit
Se noyàt dans les pleurs où m'a vie et reduite.

Malheureus que ie suis! ie pensois par la fuite
Echapper ce tyran qui par tout me poursuit,
Ie pensois retirer mon penser de la nuit
Où mon ame se veid mortellement seduite.

Ie pensois que ta Muse au fort de cet outrage
Deùt flèchir pour iamais le roc de son courage
Et changer, mon Dimier, l'aigreur de sa beauté.

Mais las! ie voi bien tard la faute que i'ai faite
Et que tous ceus ont bien ce malheur merité
Qui rendent pour du vent leur liberté suiette.

 La Parque alloit rauir la lumiere obscurcie
De votre grand' beauté le chef-d'œuvre des Cieux,
Lors qu'Amour ce grand Dieu campé dans vos beaux yeus
Repoussa vivement sa puissance ennemie.
 Pour ce que sçachant bien que votre maladie,
Etoit le seul suiet qui le rand soucieus,
S'il n'eût soudain rompu ce coup pernicieus
Son Empire étoit mort & sa force perie.
 Aussi, depuis le iour que vous ètes au lit,
Le pauvre enfant n'a fait que plaindre iour & nuict
Le mal de votre cors & celui de son ame :
 Et craignant du trèpas le dangereus assaut,
Amour incessamment repousse de plein saut
Son ardeur par les pleurs, ses glaçons par la flame.

 Venus étoit sans feu, lors aiant quelque crainte
Qu'elle ne peût ailleurs raviver son flambeau,
Ie voulu dans mon cœur, còme dans vn fòrneau,
R'allumer tout soudain sa belle flame étainte.
 Tout cela que tu fais èt (dit-elle) vne feinte
Tu cerche au feu la glace & la glace dans l'eau,
Car ton cœur qui brusloit sous vn suiet si beau,
N'èt plus qu'vn peu de cendre où ton ame èt enceinte.
 Non, non, ne pense pas que ie ne puisse bien
Trouver assez de feu pour r'allumer le mien,
Si tôt que d'en r'auoir il me prend quelqu'envie :
 Clorinde m'en fournit du plus cler de ses yeux,
Beaus yeus qui sous l'ardeur de leur flàme infinie
Peuvent brùler le cœur des hòmes & des Dieus.

Toi vieille qui d'Amour cognois toutes les ruzes
Done moi quelque auis au torment où ie suis.
Plein ton mal sur ton lut le soir devant son huis :
Le lut ne m'i fait rien, ce sont autant d'excuses.
 Chante donc si tu peux : encor pis, tu m'abuzes,
Flate la doucement : c'est encore tant pis,
Fai lui force beaus vers, montre lui tes écris.
Quand ma Muse la louë, elle blame les Muses.
 Les pistoles sans plus, sont le moyen plus seur,
Qui d'amour peut fléchir maintenant la rigueur ;
Ouy : mais n'en aiant point ie n'en pouvois dépendre.
 Fai donc tout ton pouvoir, ie fais ce que ie peus
Il faut donc côme Iphys à sa porte te pendre,
Ainsi tu finiras tes travaus amoureus.

 Beaus cheveux dont amour fit la chaine divine,
Qui mon ame retient d'vn perdurable nœu,
Que ie vous aime helas ! en faveur du beau lieu
Dont vous auez tiré vôtre belle origine.
 Riches cordeaus d'amour, qui mon cœur iugez digne
De souffrir les travaus qu'en aimant i'é receu,
Ie béni la prison par qui i'é reconeu
Mon merite plus grand, ma gloire plus insigne.
 O belle & douce geole ! où mon cœur transporté
Se tient si cherement prisonier arreté,
Pour honorer au Ciel ce bienheureux supplice,
 Côme ie fis Clorinde en ces terrestres lieus
Ie ioindré vos beaux nœus à ceus de Berenice,
Lorsque i'auré le bien de me voir dans les Cieus.

Mon cœur aiant souffert, par sa vive constance,
Tout ce qu'vn brave Amant peut souffrir pour aimer,
I'é creu que vous pourriez mon amour estimer
Digne du vrai loyer de ma perseverance.

Mais plus ie vous poursui plus vôtre outrecuidance
Me repousse au milieu d'vne plus haute mer,
Tâchant par vos rigueurs de perdre & d'abîmer
La nef de mon courage, & de mon esperance.

Fasse vôtre rigueur tout ce qu'elle voudra,
Iamais de vos beaux yeus mon cœur ne partira,
Deussé-ie consomer au fort de mon martyre.

Amour qui me contraint de suivre vôtre loi,
Ne permettra iamais qu'ailleurs ie me retire,
Pour étre tout à vous & n'étre plus à moi.

Soit que le saint lien d'vn Hymen perdurable,
Assemble vn iour nos cœurs d'vn perdurable nœu,
Soit que vôtre bel œil qui me reduit en feu,
Vueille rompre l'effet d'vn bien si favorable;

Soit que la cruauté du sort inexorable
Torne quelque autre part le flambeau de mon vœu,
Soit que vôtre serment qui mon ame a deceu
Cerche d'autre côté quelque Amant plus capable;

Soit que mon espoir vive ou que ie meure encor
Dans la belle prison de vos beaus cheveux d'or,
Où ie pris doucement le subiet de ma flame;

Tandis que le Soleil luira dans l'vnivers,
Vos divines beautez se verront dans mon ame
Et le nom de Clorinde au milieu de mes vers.

Voici la belle source où le fils de Cephise
Perdit en se mirant la lumiere du iour,
Où l'on entend la voix d'vne qui fut éprise
Autant de sa rigueur comme de son amour.

 La Nymphe que tu vois, dessous cet arbre assise,
C'èt la belle Venus qui se plaint à son tour
De celuy qui mourant fit naître en ce seiour
Vne fleur de son sang qui son nom éternise.

 Sous cet arbre panché dessus ces tristes bords,
Deus fidelles Amants touchez de méme enuie
Penserent accomplir leurs amoureux efforts :

 Mais le Ciel ennemi du bonheur de leur vie
Fit faire en leur trépas l'vnion de deux cors
Qui vivant s'alloient ioindre en cet amour suivie.

CHANSON.

B<small>IEN</small> *que mon amour constant*
 Soit le iouët de mon ame,
Si ne lairré-ie pourtant
Le beau suiet qui l'enflame.
 Plus vous aurez de rigueur,
 Mon ame aura de vigueur.

 Qu'amour tire tous ses trets,
Contre mon espoir fidèlle,
Ie ne cederai iamais
A sa puissance cruelle.
 Plus vous, &c.

Si votre iniuste fureur
S'oppose au feu qui me blesse,
Les dous sanglots de mon cœur
Le r'allumeront sans cesse.
   Plus vous, &c.

Si ie cerche la prison,
Ou votre beauté me méne,
Vraiement c'ét bien la raison,
Que seul i'en porte la peine.
   Plus vous, &c.

D'i mourir il ne m'en chaut,
La mort me sera meilleure,
Mais ie suis marri qu'il faut
Que ce bel image i meure.
   Car votre bel œil vaincueur
   E't empraint dedans mon cœur.

ELEGIE.

CARNASSIERES *fureurs, Mégeres enragées*
Qui brûlez nuit é iour mes veines outragées.
   De mille feux ardans,
Foudres ensulphurez, éclers épouuentables
Qui dardés allantour de mes os miserables
   Tant de trets violans.
O passion sans pair! pouués vous ie vous prie
Naître de la douceur de celle à qui ma vie
   I'è sans plus consacré.

Non, ie croiré plutôt que des fources d'Himette
Procede l'aconit, dont mainte étrange auette
  Tire fon miel fucré.
E't ce point que les cieux tous enflés de colere,
Soient ialous que le fort qui cómande à leur gloire,
  Les prive d'vn tel heur.
Ou fi c'èt point Amour, dont la flame fuprême
Me randit amoureus, qui fe feroit lui-mème
  Epris de cette ardeur.
Non, ce n'eft point Amour ; Amour bien qu'invincible,
N'a point tant de pouvoir fur vne âme infenfible,
  Ce font donc tous les Dieux,
Par le feu de mon cueur, Iupiter fe rencontre,
Pluton par fon erreur, é Neptune fe montre
  Au torrent de mes yeux.
Tònerres, Océans, erreurs de ma furié,
Foudroiez fubmergez, ecervelez ma vie
  De feu, d'eau, de fureur
Vous ne vaincrés iamais le roc de ma conftance,
Si celle que ie fers feconde ma deffenfe,
  Ie feré le vaincueur.
Non, non, ne croiés pas, belle é chere Nereé,
Que mon amour iamais puiffe eftre feparee
  De vos divins appas,
Ni que mon ame foit d'autre obiet pourfuivie
Que de votre beauté, pour qui ma feule vie
  Souffriroit cent trépas.
Que ce fàcheus tyran ialoux de nos delices
Me braffe en vous aimant mille diuers fupplices,

   E' de nuit e de iour,
Il ne pourra iamais me faire quitter prize,
Ni rompre le succès de l'heureuse entreprise,
   De mon fidelle amour.
Votre chere beauté qu'vniquement i'adore,
M'èt en cette poursuite vne seconde Aurore,
   Dont l'amoureux brandon
Fait, malgré la rigueur de la loi coniugale,
Qu'elle quitte souvent, pour l'amour de Cephale,
   La couche dè Tithon.
L'on dit que la faveur d'vne simple Maitresse,
Feit que Nise, engagé dans la mortelle presse
   De tous ses ennemis,
Peut de sa proche fin brauement se deffaire,
Bien qu'au gré de Minos son cruel aduersaire,
   Le destin l'eût soumis.
Lorsque l'épee au poin é l'ardeur au courage,
Il pensa par surprise affronter mon courage,
   Au milieu d'vn chemin.
Sans vos cheres faveurs, qu'autour du bras ie porte,
Ma vie é mon amour étoient de mesme sorte
   A leur derniere fin.
Bien qu'absent de vos yeus j'endure mille peines,
Ce qui m'afflige plus parmy les douces chaînes
   De vos diuinitez,
C'èt de voir ce Vulcan c'èt de voir ce Thersite,
Iouir indignement du fruit & du merite
   De vos rares beautez.

CHANSON.

RIEN ne contente mes regrets,
Dans ces bôcages solitéres,
Qu'vne Beauté dont les attrets,
Sont à mes vœux si salutéres,
Que ie rencontre en mon tourment,
Vn extreme contentement.

Quelque part que j'ouvre les yeux
Par qui mon ame fut deceüe
Toûjours cet obiét gracieux
Se decouvre au jour de sa veuë :
Ce qui fait qu'à present ie suis,
Plus ferme au cours de mes ennuis.

I'eusse pensé que le plaizir
De voir ces Nimfes écartees,
S'ébattre icy tout à loisir
Le long de ces eaus argentées,
Me deût ôter le souvenir,
De ce qui peut m'i retenir.

Mais las ! ie vois bien cette fois,
Par mile apparences certaines,
Qu'amour qui me perd sous ses lois,
Ne finira iamais mes peines,
Puis que l'air de mon amitié,
Ne peut ternir sa mauvaitié.

Triste chanson, qui de ma vois
Fus la compagne tres fidelle,
Va t'en pour la derniere fois,
Trouver pour moy cette cruelle,
Va donc é lui dis qu'à grand tort,
Elle fut cause de ma mort.

ECHO.

STANCES.

Vn soir, pour contenter mes vmeurs variables,
 Parmi ces grans forètz tristement effroiables,
J'entendi cet Oracle en Echo transformé,
Qui, pour me raconter ma future fortune,
Me seit seoir doucement sous le cler de la Lune,
Pour repondre au sujet qui m'a rendu charmé.
 Douce Reine des Bois, des eaus é des valées,
Qui fais que d'vn Amant les plaintes deʒolées,
Trouuent en ton conseil vn secours gracieus,
Si la pitié jamais a logé dans ton ame,
E'coute cette fois la cauʒe de la flame,
Qui me fait detester la lumiere des Cieus.
 Conte moy quel Demon éclera ma naissance,
Lors qu'Amour me rangea sous sa seule puissance,

Pour me reduire au gré d'yne ingrate Beauté,
Qui troublant mes esprits d'angoisseuzes pensées.
Ne se fét que gausser de mes peines passées,
Rauissant le guerdon de ma fidelité.
 Conte-moi si jamès j'auré point cette gloire,
D'emporter par mes vers l'honeur é la victoire
De ce bien dont mon ame encore n'a ioui? OVI.
Que fere-ie tandis en ma peine plus dure,
Pour supporter l'ardeur pour laquèle i'endure? ENDVRE.
Que cet heureux espoir rand mon cueur reioui!
 Qui è-ce qui tandis me sera plus propice,
Au destin malureus qui veut que ie perisse? ERICE.
Elas! c'èt bien le but le plus beau de mes vœus.
Mais quel autre moien, quel art é quèle ruse,
Veincront l'appât sutil de ce lut qui l'amuze? LA MVSE.
Echo, s'il èt ainsi c'èt tout ce que ie veus.
 Sera-tel' point aussi chiche de reconoitre,
La gloire qu'èle aura quand ie feré paroitre,
Aux yeux de l'yniuers son immortel renom? NON.
E' qu'atant èle donc sans souffrir que ie meure,
Dans le sort maleureus qui sans fin me mal'heure? L'EVRE.
Las! qu'Amour cherement me vend bien ce guerdon.
 Ie ne feré iamais auare de ma plume,
Deussé-ie en la chantant faire quelque volume,
Pourueu que mes écrits puissent estre à son gré,
Car si ma peine en fin n'étoit point reconuë,
I'écrirois dèdans l'vnde & paindrois dans la nuë,
Echo, respons-moi donc & me di s'il ét vrai? IL ET VRAI.
 Mais ce n'èt pas le tout de veincre ma Deesse,

Si ie ne gaigne Amour qui me gene fans ceſſe,
E' qui retient mon ame en extreme langueur,
Di moi donc au milieu de tant é tant d'alarmes,
Tant d'efforts, tant de maus, tant de pleurs é de larmes,
Ce qu'il faut pour donter cet importun vein cueur?

         VN VAIN CVEVR.

Qu'è-ce-à-dire vn vaincueur? il faut donc que ma belle
Qui range fous fes lois fa puiſſance rebèle,
Lui ôte le courage é me le done en lieu,
Si qu'il èt fracaſſé ſi j'é cette victoire.
De gaigner le dedans de ce beau teint d'iuoire.   VOIRE.
Echo, c'ét donc aſſez ie te ran grace. Adieu.   ADIEV.

SONET.

Quel finiſtre malheur éclera ma naiſſance,
 Deſtinant mon eſpoir au voiage amoureus,
De choiſir pour mon but vn fuget ſi fâcheus,
Que pour i parvenir ié trop peu de puiſſance?

 Au lieu de m'avancer en ma vaine creance
Dans quelqu'autre chemin plus facile à mes vœus,
Ie me trouve égaré chetif é malheureus,
Dans vne Mer de pleurs, d'erreur & d'inconſtance.

 Pour tout viure ie n'ai qu'un eſpoir decevant,
Qui còme les plouyiers ne me paît que de vant,
Mais encor, mon Courual, ce qui plus me dégoute,

Pour mieux me perdre encor en ce gouffre d'erreur
Il me baille pour guide Amour qui n'i void goute,
Ie te laiſſe à panſer que c'èt vn beau meneur.

SVR VN BOIS D'EXCELLENCE.

PVISQUE i'é perdu toute attante,
   De voir finir mes ennuis,
Rien deſormais ne me contente,
   Que ce beau bois où ie ſuis.
   Bien que tant de diuers feuillages,
L'empliſſent d'oſcurité,
Ie m'aime mieus en ces vmbrages,
   Qu'en quelconque autre clarté.
   Tandis que cèle que i'adore,
Suiura ce bois ſi pléʒant,
Son bel œil plus cler que l'Aurore,
   Le rendra touſiours luiʒant.
   En ce beau bois, dont l'excellence
N'a rien qui ne ſoit diuin,
L'Amour, la Paix é le ſilence,
   Demeurent ſoir é matin.
   Si dans ces vmbres ſouueraines
Quelque bruit fét ſon ſeiour,
C'èt l'air de ces triſtes fontaines,
   Qui vont pleignant mon amour.

Car aiant perdu toutte atente,
De voir finir mes ennuis,
Rien deformais ne les contante,
Voians la peine où ie fuis.

A ERICE.

A chacun iour, à chacune éure,
Erice, ie penfe de toi,
Tou-iours mon pauure cueur demeure
Dans ce Bocage où ie te voi.
Si ie veus fuir voftre face,
Où ie li mon proche trèpas,
Ce penfer partout me pourchaffe
E' l'amour me fuit pas à pas.
Bien que la rigueur de ton ame,
Dedeigne mon fidéle Amour,
I'onore fans ceffe la flame,
Où languit mon cueur nuit è iour.
Vrai roc d'Amour é de conftance,
Parmi la Mer de mes ennuis,
Ie fupporte ton inconftance,
E l'extreme ardeur où ie fuis.
Plus tu feras d'aigreur fuiuie,
Ie te feré fidéle amant,

Car le Ciel contrére à ma vie
Veut que ie meure en vous aimant.
  Ce m'èt aſſés de récompenſe,
Pourueu qu'en ſeruant ta Beauté.
Tu puiſſe voir ma patience
Còme ie voi ta cruauté.

FIN DE LA MVSE AMOVREVSE.

POLYMNIE

OV

LA MVSE FAMILIERE

A

MONSIEVR DE LA FRESNAYE VAVQVELIN,

CONSEILLER DV ROY,

Prefident & Lieutenant general au Bailliage é Siége
Prefidial de Caen, é maître des requêtes
ordinaires de la Reine.

SONET.

I vous aimez la Mufe autant que vos anceftres
Ont cheri les accords de leurs douces chanfons
Vous deuez, mon Mæcene, aimer leurs nour-
rifons
Qu'en ce diuin métier vous iugez plus adextres.
La Mufe fauorize à tous ceus que les Lettres

Ont nourris còme vous ſur leurs Tertres beſſons,
Les Princes & les Roys qui ſuiuent leurs leçons
Par elles ſont rendus plus dignes de leurs Sceptres.

Si vous deſireʒ voir des fruits de mes labeurs
Auſſi dignes de vous que vous dignes d'honneurs,
Deliureʒ moy des mains de tout plein de Harpiës,

Qui pour troubler ma Muſe & rauir mes moyens
N'ont point d'autres deſſeins que d'aller còme Piës,
Agaſſant ſur ma gloire & jappant ſur mes biens.

SVR LA DELIVRANCE

De Monſieur le prince de Condé.

SONET.

Lors qu'vn foudre ſuruient & qu'vn grand vent s'entone
Dans le vague de l'air qui d'horreur s'époiſſit
Le Soleil diſparoît, tout le Ciel ſe noircit,
Chaque trouppeau confus ſon Paſteur abandone.

Mais lors que le Soleil ſa clarté nous redone,
Cette horreur ſe diſſipe, & le iour s'éclaircit,
L'air ſe purge de l'eau qui la Terre oſcurcit,
Et cet Aſtre nouueau plus viuement raïone.

Quand ce foudre d'Enfer ſur la France ſuruint
Chacun ſe veid confus, chacun troublé deuint,
Mais ſi tòt que le Roy l'extermina de France,

Vn chacun s'égaïa, grand PRINCE, tellement
Qu'il ne luy restoit plus que vostre deliurance,
Pour la remettre au but de son contantement.

A MONSIEVR LE MARQVIS DE MONY,

Sur fa bien venuë à Caen.

SONET.

ARRIERE de nos yeux, Chimeres tenebreuses,
Songes, soins, & travaux, arriere de nos cueurs,
Voici ce beau Soleil qui détruit les vapeurs,
Qui naguere offusquoient nos ames angoisseuses.
 Cèt lui qui doit finir nos charges épineuses,
Dont ce Monstre infernal nourrissoit nos malheurs,
Lors que le Ciel, touché de nos viues dòleurs,
Renversa, par sa mort, ses brigues malheureuses.
 MARQVIS, de qui i'atten mon bien-hureus succès,
Que n'ai-je pour chanter votre divin accès
Non des Muses la vois, mais bien celle des Anges !
 Donc, s'il ne m'èt permis, prenés en gré de nous
Ces excuzes, ces vœus, ces vers & ces loüanges,
Qui sont selon ma Muse & non pas selon vous.

A MONSIEVR DE SAINT SVLPICE COSTÉ,

Conseiller au Parlement de Normandie.

Cosré, sans t'avoir veu i'é pris ta conoissance
Lizant tes doctes vers tous pleins d'étonement,
Ce qui fait que ceux ci ie t'offre librement,
Tandis que j'auré l'heur de te voir en presance.

Y remarquant l'erreur de mon insuffisance,
Dessus la touche d'Or de ton beau iugement,
Tu les prendras en gré puisque leur mouuement,
D'vn cueur qui t'èt acquis a tiré sa naissance.

Si la Mer se dispose au gré de toutes eaus,
Si le Prin-tans reçoit toutes sortes d'oiseaus,
Et si le Ciel reçoit les plus simples lumieres.

Pourquoy mon cher Cosré, pourquoy ne prendras-tu
Ces arres de ma Muse & ces offres premieres
Que ie sacre à l'autel de ta belle vertu ?

A MONSIEVR BOVRGET,

Conseiller en Parlement.

Bien que l'humeur du tans suive l'humeur des homes
Et que l'home s'accorde à l'humeur de ce tans,
D'où provient que iamais nous ne somes contans,
Et que iamais d'accord au monde nous ne somes.

Heureus, mon cher Bourget, tant feulement ie nòmes
Celui qui prend chès foi fon heureus paffe-tems
Sans obliger à foi tant de fortes de gens,
Pour qui trop librement ton efprit tu confòmes.

Si ce maxime èt tel qu'entre les Filofofes
Deux fujéts compofez de diverfes étofes
Ne peuvent fubfifter en feul é méme lieu.

Fuions l'humeur mondaine où le peuple fe fonde,
Car qui fe veut former à la régle de Dieu,
Ne doit pas fe regler à la forme du monde.

A MONSIEVR DV HALLEY,

Auocat general en la Cour. des Aides, à Paris.

QVICONQVE a merité par fes iuftes merites
Les faueurs dont le Ciel honore la vertu,
Quiconque à merité de fe veoir revètu,
Des faveurs d'Apolon qui te font favorites.

Quiconque à merité les graces des Carites,
Pour auoir viuement le vice combatu,
Qui pour n'ètre iamais par la Parque abatu,
Merite qu'en mes vers fes vertus foient écrites.

Quiconque DV HALLEY, cet heur a merité
De viure dans le Ciel de la pofterité,
Cèt toy par tes beaux faits où le tans tu confòmes.

Qui poſsède tout ſeul au milieu de ton cueur,
Des Carites, du Ciel, d'Apolon & des hômes,
Les graces, les faueurs, les lauriers, & l'honeur.

A MONSIEVR MALERBE,

Poëte du Roy.

MALERBE, où penſes tu dans ce profond ſilance,
Où la France te void ſi lon-tans retenu ?
Pourquoi, divin Soleil, n'es tu pas revenu
Briller ſur l'horizon de ta chere naiſſance ?
 Que fais-tu dans l'oſcur de cette longue abſence,
Qui m'a ravi l'honeur de t'avoir mieus conu ?
Qu'èt-ce brave Demon maintenant deuenu,
Qui t'a randu ſi cler dans le Ciel de la France ?
 Revien, ô grand Phébus, éclerer ton ſejour,
Ou fai parler du moins ta Muſe en cette Cour,
Où (côme malgré toi) tes vertus ſont recluzes.
 Ne fai plus contre nous ce blasféme courir,
Que la ville de Caen ſoit la mere des Muſes,
Et qu'elle n'ait iamais l'honeur de les nourrir.

A MONSIEVR D'ETRY.

Ie plains ici le tans qu'abſent de toi ie paſſe,
Sans auoir ce bon heur de t'i voir plus ſouvent,
C'ét tout ce qui m'afflige & qui fét à preſent,
Qu'à toutes voluptez j'abandone la place.

Ce Bôcage où ma Muſe a choiſi ſon Parnaſſe
Où ie trouvois iadis tout mon contentement,
Me ſemble ſi changé qu'à peine ſeulement,
Ie remarque vn ſeul trait de ſa premiere grace.

Ces mignards oiſelets, qui de nuit, qui de jour,
Réveilloient le ſuget de mon premier amour,
Ne me ſont plus icy qu'importunes chouèttes.

Ces cheſnes, ces vallons, ces pres & ces ruiſſeaus
Qui de ces lieus faiʒoient vn Paradis de Poëtes,
Me ſont en ton abſence vn Enfer de Corbeaus.

CONTRE VN CAPRICIEVX

Qui s'offenſa d'être trop loué dedans mes vers.

SONET.

Tv me blames de quoi ma Muſe te loüange.
Ie te loüange ici de m'en blamer ſi fort,
Veu qu'vn chacun s'en fâche & dit que ie fais tort
Au merite de ceus qu'auecques toi ie range.

Ié fait còme le paintre en cette humeur étrange,
Qui dans vn feul tableau fçait mêler, bien accort,
Le noir auec le blanc, le vif auec le mort,
Et dorer vn vieil Diable auſſi bien còme vn Ange.
　　Mais ſi le but d'vn paintre èt de bien paindre au vif
Ie fçai qu'en te peignant ie n'étois qu'apprentif,
Faiſant paroitre en toi, Mars, Pithon, & Minerue.
　　Car tes effets de Mars, font au camp de Cypris,
Ton diſcours de Pithon n'èt qu'vne fotte verve
Et Minerue iamais n'inſpira tes eſpris.

SVR LES NOVVEAVS COMMENTAIRES

De la coùtume de Normandie.

AV LECTEVR.

Tv poſſede à ce coup cette grace eſperee,
　　Dont le Ciel nous fruſtroit, quand ce docte cerueau
Fit naître en ces écris còme dans vn tableau
Les plus rares beautés du faint Temple d'Aſtree,
　　Cette œuvre qui les yeux de la France récrée
Done à nòtre coùtume vn ornement ſi beau,
Que ceus qui n'ont iamais frequenté le barreau
Peuvent en y liſant s'i dòner de l'entrée.
　　Toi l'honeur de pratique & le pere des lois,

Qui r'apportes si bien aux Edits de nos Roys,
Tant de lieus recerchés qu'en ce lieu tu prononces.
　La France maintenant par toi se vantera,
D'auoir produit des fleurs au milieu de ses Ronces,
Que l'iniure du tans iamais n'effacera.

SVR LES DERNIERES SATYRES

Du sieur de Courual.

Vers de mon cher COVRVAL, dont la iuste licence
　Nous fait voir le sujet de tant de maus diuers
Qui sous l'oscurité de ce siecle pervers,
Ont presque gangrené tout le cors de la France
　C'est par vous que mon Prince aura la conoissance
De tant d'apres trauaux que son peuple a souffers
Depuis que tant de lous sont sortis des enfers,
Pour luy succer le sang, & rauir sa sustance.
　Par vous la France encor espere desormais,
De se revoir vn iour plus saine que iamais,
Il ne lui reste plus qu'vn peu de Scamonee,
　Pour purger de son cors les peccantes humeurs;
Lors que d'vn mal caché la cause est enseignee
Le remede est facile encontre les douleurs.

A DAMOISELLE MARIE D'AVMESNIL.

SONNET PAR ACROSTICHE.

Mars, Amour & Pallas diſputent tout enſemble,
A qui poſſedera l'honneur de ſa beauté,
Rien ne les peut reſoudre en cette extremité,
Il faut que le conſeil de tous les Dieux s'aſſemble.
En ce combat douteux Venus qui luy reſſemble
Diſpute pour ſon chef ce laurier merité,
Amour ce puiſſant Dieu ſous qui le monde tremble.
Veut emporter le prix par la temerité.
Mars ſoutient ainſi qu'eux par armes ſa vaillance
Et Pallas ſon credit par le fer de ſa lance,
Si qu'en faiſant leur paix on conclud que Pallas
N'auroit rien que ſa vois, ſon bien-dire, ſes charmes;
Iunon ſa gravité, Venus ſes doux appas.
L'amour ſes yeux divins pour i forger ſes armes.

AVTRE ACROSTICHE

Anagrammatifé en faueur de fon nom.

I'ANIMERÉ LA MVSE.

Mufe que i'é toù-jours vniquement cherie,
Aués vous veu iamais au milieu de la cour
Rien qu'on puiffe egaler à cét aftre d'amour,
Iufte & vrai poffefeur du beau nom de Marie?
Epris de fa beauté donés moi l'induftrie,
De pouvoir dignement fa gloire mettre au iour,
Afin qu'en fa faveur quittant vôtre fejour
Votre divine voix à mon lut ie marie,
Mais fi le Ciel facheux, & les deftins jaloux,
En cét heureux deffein fe bandoient contre nous
Sur vn injufte efpoir de gaigner la victoire,
Non non c'ét tans perdu; car malgré leur rigueur
I'ANIMERÉ LA MVSE, au feul bruit de fa gloire,
Lors qu'ils s'oppoferont à nos iuftes labeurs.

AV SIEVR DE LA SAVVAGERE DESERT.

Savvagere Desert, qui d'vn desert sauvage
Empruntes ce beau nom que mon humeur cherit
Que ie hai ce métier qui captive & détruit,
Dans vn barreau confus tout l'hôneur de ton aage

 Puis qu'vn desert ne git qu'au milieu d'vn bocage
Où le silance habite, où la muse nous rit,
Pourquoi, mon cher Desert, vi-tu parmi ce bruit,
Où ton divin esprit mal à propos s'engage?

 Puis qu'vn desert peuplé de bois & de buissons
Cherit des Rossignols les divines chansons,
Pourquoi sui-tu la vois des avares Harpies?

 Qui bauolans autour de nos tristes parquets,
Imitent les Hibous, les Corbeaux, & les Piës,
Qui nous broüilent l'esprit de leur facheux câquets.

RESPONSE AVX LETTRES FIDELLES

D'ARLIS.

Les Muses & l'Amour s'aiment de telle sorte,
Que iamais l'on ne veid vn Amour si parfait
Amour est sans la Muse, vn Amour contrefait,
Et sans Amour la Muse aucun fruit ne r'apporte.

ARLIS, *ce fut pourquoi, ta main m'ouvrit la porte*
De ton cueur, qui le mien bleſſa d'vn ſi beau trait,
Lors que moins i'eſperois au bien heureux ſuiet
Qui de ton vif amour viuement me tranſporte.

   Si ie peux en effet ainſi qu'en volonté
Moiſſoner le doux fruict de ta chere beauté,
I'atteſte tes faueurs dont j'adore l'Image,

   Que iamais autre cueur que le tien ne vaincra,
Ma chere liberté que j'apen pour homage,
A ton diuin eſprit qui ma muſe inſpira.

A MONSIEVR DE LA MESLEE,

Auocat au Parlement de Rennes.

LORSQVE *j'eu l'heur de t'offrir mon ſeruice,*
   Quand tu paſſas par la ville de Caen,
Soudain ma Muſe, où mon plaiſir ie pren,
Fit de m'a plume à ton nom ſacrifice.

   Pour m'a quitter d'vn ſi fidelle office,
Rien de plus cher, POISSON, *ie ne preten,*
Que d'être en bref à Rennes, où i'atten
L'heureux accüeil de ta faueur propice.

   Puiſſé-ie ici gaigner ſi bien le cueur,
De ceux qui n'ont rien plus cher que l'honeur,
Qu'heureuſement i'i finiſſe ma vie.

Pour faire voir, còme Socrate fit,
Qu'on n'eſt iamais proféte en ſa patrie,
Et qu'on fait mieux autre part ſon proffit.

AV SIEVR DE MON-PLAISIR

Sur ſon abſence.

MON-PLAISIR, *du depuis le tans,*
Qu'en toute extremité j'attans
De toi quelqu'heureuſe nouvelle,
Tout plaiſir me laiſſe au beſoin,
L'eſpoir me manque, & ſi le ſoin
Touſiours me ronge la ceruelle.
 Que cette dure abſence à mis,
Dedans le cueur de tes amis,
D'ennuis, de regrets & d'étraintes!
Que de regrets depuis ce iour,
Ont rendu dans nòtre ſejour,
Toutes nos voluptez éteintes!
 Quand ie ſonge aux rares vertus,
Dont tes eſprits ſont reuétus
Et de qui i'eu la ioüiſſance,
Tout ce premier contentement,
Se change en mécontentement,
Et pers toute reſioüiſſance.
 De fait ſi tes perfections,

Obligent nos affections.
A la memoire du merite,
Quel esprit mon cher MON-PLAISIR
S'offre le mieux à mon plaisir,
Et qui plus que toi le merite ?

 Les esbas me sont des ennuis,
Les iours me sont autant de nuits,
I'évite les luts & les Poëtes,
Tous mes souhaits se sont exclus,
Et mes esprits si bien déplus,
Que leurs chants me sont des choüettes.

 Ie ne suis dans ces lieux secrets,
Qu'vn cors accablé de regrets,
Où si rien d'humain me demeure,
Ce n'est que pour plaindre celui
Qui mon cueur faisant viure en lui,
Fait qu'il faut que sans lui ie meure.

 Ville ingrate, sans te nòmer,
Ville, qu'on ne peut renòmer,
Que pour l'excès & pour l'ysure,
Ville, contraire aus beaux esprits,
Ville qui ne vend qu'à faux pris,
A faux poids & fausses mesures.

 Excepté quelques gens de bien
Qui viuans de leur iuste bien
N'eurent iamais l'ame seruile
Ie ne sçai ville sous les cieux,
Où tant d'esprits pernicieux,
Fourmillent tant qu'en cette ville.

 Tu ne l'as que trop esprouve
Lorsqu'en vn lieu si reprouvé,
Ta vertu fit tant que l'enuie
T'eût sans doute fét quelque affront
Si ton esprit n'eût été promt
De pourvoir au bien de ta vie.
 Ce fut donc, Mon-plaisir, pourquoi
Tu voulus, pour viure à requoi,
Passer plus doucement ton aage
Dans vn climat où le mal-heur
Ne peut offencer ta valeur,
Ni faire bréche à ton courage.
 Ici la Muse, ici le lut,
Côme dans vn port de salut
En chasque saison t'enuironnent,
Sans iamais auoir d'autre soin
Que d'vser selon ton besoin,
Des faveurs que les cieux te dònent.
 Cent écus de rente en tout tans
Rendent tes esprits plus contens,
Que les Perus & les Pactoles,
D'vn tas de Tantales dannés
Qui pour leurs exceʒ condanneʒ
Vont au Diable auec leurs pistoles.

RESPONSE DE CLEANDRE

aux douces lettres de la belle Arlis.

J'AI leu ta lettre, ARLIS, dont l'amoureux esclandre
M'a rendu si charmé, que i'é moins de sujet
De plaindre ici le mal que te cause Philandre,
Que de pleindre celui que ta beauté me fait.

 L'ouvrant ie découvri l'erreur pernicieuse
Du pauvre Epimetee en amour malheureux,
Qui de Pandore ouvrant la boete captieuse,
N'i veid que le suiet de son sort angoisseux.

 Ce n'est pas que ie blâme vn sujet si loüable,
Que celui qui m'enflame au feu de ta beauté,
Sçachant bien que iamais vn heur plus fauorable,
Ne sçauroit auenir à ma fidelité.

 Mais ie crains cependant que mon ame s'oblige
A recercher ton cueur où le mien fait seiour,
Qu'en poursuiuant celui que ton amour neglige
Tu ne fuye vn amant qui poursuit ton amour.

 Consolant par mes vers l'ennui qui te possede
Ie ressemble peut estre au triste Medecin,
Qui sur le mal d'autruy pouuant donner remede,
Ne se peut garantir du sujet de sa fin.

 Si le mal de Filandre au change diminuë,
Ton mal se doit resoudre au mesme changement,

Comme cil qui brûlé d'vn ardeur continuë,
Trouue en changeant de lit beaucoup d'alegement.
 Si nôtre guerison ne defpend que du change,
Si d'vne mefme ardeur nôtre amour eft touché,
Las! qui peut mieux que nous guerir ce mal étrange
Dont l'vnique remede en nos cueurs eft caché?
 Vers qui lui témoignés de quelle amour fidele
Ie cheris fa beauté, puiffiés vous, plains d'ardeur,
Produire autant de feux dans le cueur de ma belle
Que fa lettre à conceu de flames dans mon cueur.

A LA VILLE DE RENNES.

Rennes l'hôneur de toute la Bretaigne,
 Que ie t'eftime, & que ie t'aime encor!
 Non pour norrir vn nouueau Siecle d'or
Dans ton feiour que l'hôneur accompaigne.
 Ville, où la foi fait briller fon enfeigne,
 Que tu me plais! non pour ce beau trefor,
 D'auoir chez toi receu l'heureux effor,
Que fit ma plume à mon retour d'Efpaigne.
 Que tu me plais non pour loger chez toi,
 Cent caualiers qui feruiteurs du Roy,
De toutes parts i font leurs habitacles.
 Mais ie t'eftime en faveur de l'èclat
 Que tu reçois de ce jufte Senat
Dont les Arrefts font tenus pour oracles.

IDYLLIES

Traduictes du Grec de Bion.

Vn iour le ieune Arlis pourchaſſoit davanture
  Maints oiſeaux au millieu d'vne forét oſcure
De fortune aduiſant Amour dans vn fouteau,
Il croioit fermement que ce fut vn oiſeau.
  Lors il bande ſon arc, lors Amour il pourchaſſe,
Volant de branche en branche, errant de place en place,
Mais come il void qu'en vain, il perdoit tous ſes coûs
Il quitte ſon deſſain, il ſe met en courrous,
Si que quittant ſa trouſſe & ſon arc tyrannique
Il addreſſe ſes pas vers vn vieillard ruſtique,
Lui conte tout le fait, lui montre bien faché,
Amour ce fin oiſeau ſur vn arbre perché.
  Ha! (dit-il ſou-riant, & hochant de la teſte)
Pauvret qui penſe faire vne riche conqueſte,
Si tu ſçauois helas ! auſſi bien que ie fais,
Quel oiſeau tu pourſuis dans ſes ſombres forèts
Tu quitterois ta priſe, & ton eſprit vollage
Feroit quelque autre part vn autre aprentiſſage.
  Ceſt oiſeau que tu crois c'eſt vn ſerpent ailé
Qui prend quiconque croit le prendre en ſon filé.
Ne te plains pas de quoi tu n'as peu le ſurprendre,
Mais garde bien qu'vn iour il ne te puiſſe prendre,

Si tu vis iufqu'au iour de ton ieune prin-tans,
Tu croiras mon confeil à tes propres dépens,
Lors qu'épris des appas d'vne beauté divine
Il nichera fubtil, au fond de ta poitrine.

IDYLLIE II.

Reposant *fous le frais d'vn ombre folitaire,*
Ie fongé voir vn iour la Royne de Cythere,
Qui menoit par la main fon fils malicieux,
Qui fin tenoit fichez vers la terre fes yeux.
Lors s'approchant de moi me parle en cette forte,
Toi, bien-heureux Pafteur, qui de la mufe accorte
Sçais les douces chanfons, ie te pri' maintenant
D'apprendre à bien chanter à l'Amour mon enfant.
 Moi donc de qui l'humeur n'étoit rien que de dire
Des aggreftes chanfons fur ma rurale lyre,
I'accepte fa priere, & de tout mon pouvoir,
Ie commence à l'inftant à faire mon devoir.
 Ie lui chante les vers dont Pan prenoit la cure,
Et les airs que jadis fouloit chanter Mercure,
Ie di ceux de Minerve, & lui di les chanfons,
Qu'Apollon fouloit dire en mille autres façons.
 Mais quoi? c'ét tans perdu: car il clót les oreilles
Pour n'étre mes chanfons à fon humeur pareilles.
Son chant eft tout contraire, & fa voix au rebours
Ne parle que de ieux, de luxure & d'amours.

Bref, iamais ie ne pûs d l'amour faire entendre
Ce que ie lui penſois de ma part faire apprendre :
Et tout ce qu'au rebours ce beau chantre m'apprit
Me reſte pour iamais graué dans mon eſprit.

IDYLLIE III.

Vive l'amour, Karlis, par qui les douces Muſes
Inſpirent nos eſprits de leurs graces infuſes,
Et ſans qui nul eſprit, tant ſoit-il bien formé,
Ne peut de leurs faveurs iamais être enflamé :
Au contraire la Muſe eſtime des Cheveches :
Ces Pœtaſtres qui ſont à Cupidon réveſches.
Quiconque èt vivement du feu d'amour épris,
Tient maint rang honorable entre les beaux eſprits,
Tout le chœur de Permeſſe inſpire ſon courage,
Lors qu'il veut conceuoir quelqu'excelent ouvrage
Ie le ſçai par effét, & ſçai que ſi l'amour
Ne m'eût permis l'accez & l'honeur de ſa Cour,
Mon ame, en qui l'amour s'ét rendu ſi bonace
N'eût iamais ſauouré le doux fruict de Parnaſſe,
Ma lyre taſche en vain de dire en mains endroits
L'excellence des Dieux, des Princes, & des Roys.
I'i demeure confus, & ma langue empeſchée,
Demeure en ſon palais froidement attachée.
Mais ſi toſt qu'au rebours ie chante ſur mes vers,
La divine beauté de celle que ie ſers,

C'ét alors qu'à mes vœux la Muse favorise,
Et qu'elle ét de mes vers heureusement éprise,
Obligeant desormais mainte douce beauté,
De faire plus d'état de ma fidélité.

SVR L'ANAGRAME

DE

CHARLES DE LA FRESNAIE,

Gentilhomme Normand.

LA FRANCHISE L'ADRESSE.

SONNET.

Qve c'ét vn grand abus d'engager son courage
 Sous les loix de ce Nain qu'on feint maiftre des Dieux,
Lors que par les appas d'vn sujet captieux
Il range son esprit souz ce dur esclavage.
 Quiconque veut fuir sa puissance volage,
Qu'il tourne incessamment son espoir vers les cieux
Sans suivre laschement ce Sexe ingenieux
Qui du fin Cocodril sçait pratiquer l'vsage.
 Si vous voulez garder vos cheres libertez,

Fuiez, còme Carlis, ses pipeuses beautez,
Qui pour vn peu de miel nous causent tant d'absynthe,
   Car lorsque leurs attraits le pensent deçevoir
LA FRANCHISE L'ADRESSE, *en ce faux Labyrinthe*
Et iamais ce Tyran n'a sur lui de pouvoir.

RESPONSE AVX LETTRES D'ARLIS.

STANCES.

I'E leu ta lettre, Arlis, dont l'amour qui m'inspire
Brûle si vivement les glaces de mon cueur,
Que ie ne sçais hélas ! si, transporté d'ardeur,
Ie doi blâmer, Philandre, ou plaindre mon martyre.
   Pour repondre à ta lettre, auec plus de bien-dire,
Ie voudrois de Pithon la divine fureur,
Ou ce divin Nectar, dont l'extrême douceur
T'a fait en ma faveur, si dignement écrire.
   Ma belle, excuse moi si ie n'estime pas
Que tant d'attretz divins é d'amoureux appas
Puissent naître en l'esprit d'vne Beauté mortelle,
   Ie presume plûtôt que les mesmes Amours
Ont de leurs aîles pris vne plume plus-belle
Pour tracer ce bien-dire, é former ce discours.

SVR LE POVRTRAIT

Du sieur de Courual.

L'ART exprime si bien les tretz de la Nature,
Qu'on diroit que les deux ne sont qu'vne peinture
Et tandis que l'honneur est entr'eux debatu,
L'vn étant perissable é l'autre corruptible :
Ie di que si l'honneur s'adiuge à la vertu,
COVRVAL merite seul cette gloire infallible.

A MONSIEVR DE S. SVLPICE COSTÉ,

Conseiller en Parlement,

SVR SA CLORINDE LATINE.

MARCHEZ donc hardiment, genereuse Clorinde
Sous la viue clarté de ces vers precieus
Vers qui charment nos cueurs, é font voir à nos yeus
Les plus riches tresors de Parnasse é de Pinde.
  Que la gloire d'Erice é l'honneur de Florinde
Cedent à vos beautés ce qu'elles ont de mieus,
E' qu'en fin votre los s'etande, glorieus,
Iusqu'aus extremités du Ponant é de l'Inde.
  Pour voir de tous côtés son nom si bien vanté

Clorinde ne pouvoit mieux choisir que Costé
Ni Costé *de sujet plus digne de sa peine :*
 Car côme elle èt perfette en merites diuers,
Costé, *l'vnique honneur de la Muse Romaine,*
N'a rien qui le seconde en tout cét vniuers.

AVX ENVIEVX

du sieur de Courual.

MAIS *que vous sert tant de cageol ?*
 Si ces vers vous blessent la ratte,
C'en est fait, ils ont pris leur vol,
Qui sera roigneux qu'il se gratte.

AVX LARMES DE MADAME DE ROHAN,

SVR LA MORT DV ROY.

LARMES, *qui du Roc de Pegase*
 Venez arrouser nos Cyprez,
Quel Tygre sorti de Caucase
N'est point touché de vos regrets ?
 Vous lire, & n'auoir point d'envie
De se voir en pleurs consommé ;
C'est avoir vne ame sans vie,
Et vivre sans étre animé.

La mort, en l'infortune extresme
De ce grand Roy tout nôtre appuy,
S'afflige & se plaint elle mesme,
Qu'elle ne mourut quant & lui.

Amour, & Mars, ô cheres larmes,
Cedent leurs forces à vos douleurs.
Mars n'a plus de cueur pour les armes,
Ni l'Amour d'armes pour les cueurs.

Tristes pleurs qu'Amour iugea dignes
De la mort d'vn Roy si puissant.
Les Muses ainsi que les Cygnes
Dans vos eaux se vont vnissant.

Comme autrefois on veid paroître
La rose du sang d'Adonis
Ces naissantes pleurs nous font naître
Vn Prin-tans de fleurs & de lis.

O douces pleurs infortunées,
Puissiez vous tant gaigner sur moy :
Que ie puisse voir mes années,
Mourir en pleurant ce grand Roy.

A LA FOREST DE SAINT SEVER.

FOREST, l'vnique obiet de mes cheres pensees,
  Où miserable amant i'ay tant de fois passé,
Lors que d'vn trait d'Amour mortellement blessé,
I'alloy voir le suget de mes peines passées

 Bien qu'Amour ait ailleurs mes flames effacées,
Et qu'il en ait mon cueur pour iamais diuorsé :
Ce n'est pas ce qui fait que i'ay depuis laissé
Vos ombreuses beautez que i'ay tant caressées.
 C'est vn tas de plaideurs qui pires que des Lous
Ont fait qu'vn pauure hermite est mort de faim chez vous
Et que les Muses-sœurs s'en sont du tout excluses.
 Il ne faut s'etonner s'elles viuent ailleurs,
Les Dieux ne sçauroient faire vn Paradis de Muses
Où les hommes ont fait vn enfer de plaideurs.

QVATRAIN.

P*vis que du vice on suit la loi,*
 Puis que le tans sur luy se fonde,
Muse, ie pren congé de toi,
Comme tu prens congé du monde.

FIN DE LA MVSE FAMILIÈRE.

EVTERPE

ov

LA MUSE EPINEUSE.

A

NOBLE HOMME GVILLAVME HALLEY,

Sieur du Lieu, & de Vaudery.

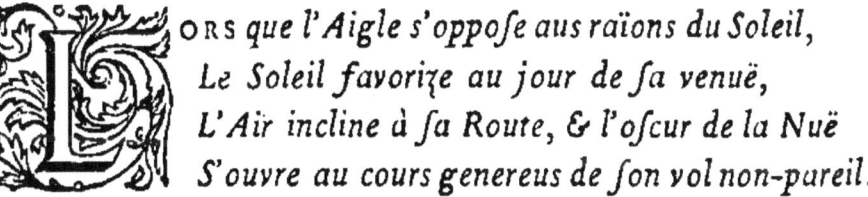ORS que l'Aigle s'oppose aus raïons du Soleil,
Le Soleil favorize au jour de sa venuë,
L'Air incline à sa Route, & l'oscur de la Nuë
S'ouvre au cours genereus de son vol non-pareil.
Si ma Muse s'expose aus Raïons de ton œil,
Sa gloire se verra d'vn chacun reconuë,
Ie vaincré les effors d'vne troppe inconuë
D'espris, que ie reveille en cet âpre Reueil.
S'ilz se pleignent de moy qu'ils se pleignent d'eux mêmes

Qui deſſus la vertu vomiſſant leurs blasfèmes
Prouoquerent premier ma plume en ce deſſein.
  Cela fait qu'en mes vers ſi bien ie les reveille,
Qu'en reveillant leurs ſens i'endormiré ſoudain
Leur langue de ſerpent qui iamais ne ſômeille.

SERMENT OENIGMATIQVE DE MARION

qui pour décharger Gilet,
iura cauteleuſement deuant le Iuge qu'elle eſtoit groſſe
du fét d'vn Aueugle.

L<small>EVE</small> *la main, tout à cette heure,*
  Gilet t'a-til fait cet enfant?
Ce fut, Monſieur, ie vous aſſeure
Vn méchant aveugle en paſſant.
  Lors qu'à ſon inſtante requeſte
Ie l'eu mis dedans ſon chemin,
Ce traître, de cul, & de teſte,
Me feìt cet enfant vn mattin.
  Hé, còment ce pouvoit-il faire,
Qy'un Aveugle t'ait fait putain,
Ce lui fut choſe aiſee à faire,
Puis que ie le pris par la main.

CONTRE VNE MEDISANTE.

Tv dis COVRVAL, que ie suis lâche,
  De quoi ma plume ne se fâche
Contre cette masse de chair
Qui manifestement sterile
Fut si lourde & si mal-habille,
Que d'oser mon honeur toucher.

  De prendre garde à la parole,
D'vne vieille folle aussi folle,
Come fut sa deffuncte sœur,
Seroi-je pas, ie te supplie,
Plus fol que sa propre folie,
Si ie n'excusois son erreur ?

  Si ce n'estoit cette cuisine
Dont elle est si proche voisine,
Et qui la fait causer si haut,
Iamais cette vieille brehaigne
Qui dans le bien d'autruy se baigne,
N'eût contre moy parlé si haut.

  Tout ce que cette hanicroche,
En mon absence me reproche,
A ceux qui la veulent oüir,
C'est qu'vn chacun de moi dispose,
Et qu'en fin i'ai si peu de chose,
Qu'aisement ie n'en peux ioüir.

  I'é peu de chose, ie l'avoüe,

Mais d'vne chose ie me louë,
Que mon cas vaut mieux que le sien,
Qui pour estre tousiours en friche,
Fait que ie suis plus qu'elle riche,
Et que i'ai plus qu'elle de bien.
Quand ie n'aurois pour toute rente
Que cent écus dont ie contente
Mon humeur, ie suis au iourd'huy,
Cent fois plus heureux & plus brave
Que cette malheureuse esclave,
Qui ne vit qu'aus depens d'autrui.

SVR LE CVL D'VNE DAMOISELLE.

BEAV *cul de marbre vif dont amour fèt sa gloire*
Cul dont les doux regars sont d'attrés ambellis
Cul qui par sur tout autre oblige mes écrits,
De sacrer vos hôneurs au temple de memoire.

Cul, qui sur tous les culs remportes la victoire,
Cul, qui passe en blancheur & la Rose & les lis,
Cul, de qui le merite oblige mes écris,
De sacrer vos hôneurs au temple de memoire.

Beau cul, bien que tant d'heur se marque assés en vous,
Ce n'est pas le suiet qui fait qu'aux yeux de tous,
I'étale en ces écris vos beautés que i'admire.

Mais sur tout ie vous aime, o beau cul tout divin,
Pour estre le plus proche & l'vnique voisin,
De ce doux Paradis où l'amour se retire.

DE BEAVVOIR ET PETIT PRENDRE.

Beavvoir plède auec Petit Prendre,
Petit Prendre auecques Beauvoir,
Beauvoir pour rien ne le veut rendre,
Petit Prendre le veut auoir.
 Quiconque est suiet à la pince
N'est point bon Aduocat pour eux,
L'vn est Petit, l'autre est fort mince,
L'vn vaut autant còme les deux.

RECVSATION CONTRE VN MAVVAIS IVGE

qui jugea mal de mes vers.

Ivge, qui iuges detravers
Et de ma vie é de mes vers,
Scais tu pourquoy ie te recuse,
Pour ce qu'on scait bien en effet
Qu'autant còme i'aime la Muse,
La Muse infiniment te hait.
 Le suiet qui fét qu'en ce point
La Muse & toy ne s'aiment point,
Vos humeurs sont si dissemblables,
Que lors qu'elles s'accorderont

Touttes les brebis sociables
Auecques les lous se verront.

 Si iustement il est permis
De combatre ses ennemis,
De mèmes armes dont ilȝ vsent,
M'aiant en public diffamé,
Si mes vers en public t'accusent,
Serai je du Public blâmé.

 Sur tout la Muse aime la paix,
Toi, dans le trouble tu te plais,
La Muse est douce & toi colère,
L'hôneur lui plaît, l'hôneur te nuit
La Muse fuit le Populére,
Et le Populaire te suit.

 La Muse la vertu soutient,
Le vice t'aime & t'entretient,
Et la vertu t'est vn supplice,
Car de vice estant revestu,
Est-ce pas bien aimer le vice,
Que de n'aimer pas la vertu ?

 La Muse fuit l'exceȝ de l'Or,
La simplesse est son vray tresor,
La seule auarice t'enferre,
La Muse n'aspire qu'aus Cieux,
Et toi, qui ne crois qu'en la terre,
Rien ne t'èt si pernicieus.

 Mille doctes espris divers
Exaltent la Muse en leurs vers
Non pour l'or, ains pour son merite,

Mais quiconque te fait la cour,
C'eſt en qualité d'Hypocrite
Et pour conplaire au tans qui court.
   Si ce n'eſtoit ce vain état,
Qui te donant un peu d'eclat,
Fait que le peuple te ſaluë,
Iamais Herpinot, que ie croi,
Ne fut mieux ſifflé par la ruë,
Que l'on ſe railleroit de toi.
   Vn eſprit de ta qualité,
Devroit, en toutte humilité,
Cherir les enfans de Parnaſſe,
Puiſque par leurs ſaintes faveurs,
Ceux qui meritent mieux ta place,
S'eſlevent aux plus haus hóneurs.
   Ce n'eſt pas que ie ſois ſi ſot,
Que de me couter de l'eſcot,
De ceux qui meritent la gloire,
D'avoir le laurier ſur le front,
Ni que ie ſois digne de boire,
Dans la ſource du double-mont.

DE DEVX CONTREFAITES.

Ie pein ici deux vieilles Fées,
  Qui pour étre aſſez bien tiffées
Et d'aſſez ſuperbe façon,

Sont auſſi belles ſouȝ le maſque,
Qu'vn vieil magot deſſous vn caſque
Ou dans ſa coque vn Limaçon.
 Depuis qu'elles ſont alliées,
Le ciel les a ſi bien liées,
D'humeur de hantiſe & d'amour,
Que ſans rien flater il me ſemble,
Les voyant touttes deus enſemble,
De ſainte Barbe & de ſa tour.
 Elles ſe levent à mème heure,
Elles font vn mème demeure,
Si l'vne ſe veut repoſer,
L'autre tout à l'heure ſe couche,
Leurs deux langues n'ont qu'vne bouche,
Leurs deux cœurs n'ont qu'vn ſeul penſer.
 Si l'vne piſſe, l'autre vrine,
Où l'vne va l'autre chemine.
Leurs yeus n'ont qu'vn mème regard,
Si l'vne, quand le cul la preſſe,
Ne fèt (par honeur) qu'vne veſſe,
L'autre à l'inſtant en a ſa part.
 L'vne fut au chams éleuée,
L'autre en la ville fut couuée,
Pour iouër au ieu de Cypris,
Bref fort heureuſes ie les treuves,
Ceſſant qu'elles ſont auſſi veuves
De beautéȝ comme de maris.
 Mais còme on void enſeuelies
Aus belles places demolies

Maintes reliques de fin or,
Qui font iuger en apparence
Qu'elles auoient iadis la chance,
De poʃʃeder maint beau treʃor.

 Ainʃi ces deux belles Meduʃes,
Parmi leurs ruines confuʃes,
Cachent encor tout plain de traits,
Qui font voir aux ʃubtilles veuës
Qu'elles furent iadis pourueuës
D'amour, de beautés & d'attrets.

 Ie ʃcai qu'en ʃa fleur plus mignarde
L'vne eut le poil d'vne Renarde,
Pour l'autre ie n'en parle point.
Mais ie croi ʃans ʃupercherie,
Qu'auant qu'elle fut ʃi flètrie,
Elle auoit aʃʃez beau le teint.

 De vous parler de leur naiʃʃance
Ce que i'en ai de conaiʃʃance
C'eʃt que ʃa norrice vne fois,
Me dit, en parlant de ʃon aage,
Que l'vne nâquit au Bocage,
L'an mil cinq cens quatre vins trois.

 Pour l'autre, ie n'en puis qu'écrire,
Tant ʃeulement ie vous veux dire
Qu'vn vieillard tout ʃec & perclus
Me dit qu'il auoit bien memoire,
Que ceʃte venerable Hiʃtoire,
Peut auoir ʃoixante ans & plus.

 Que leur ʃert donc tant d'artifice

Pour reparer vn edifice,
Dont amour a fait vn cabas,
Puis-qu'au vieil bouchon de leur face
Vn chacun croit en toute place,
Que leur vin est percé fort bas.
   En vain sa vieille teste grise
Se farde, se poudre & se frise,
Si les approches de la mort,
Qui rendent ce mal sans remede,
Font qu'il faut qu'en fin elle cede,
Dessous la puissance du fort.

D'VNE FLASQVE

qui ne pouuant estre mariee pour sa pouuvreté,
se feruit d'vn habit
d'emprunt, pour attraper vn vieillard.

SONET.

Triste teste de mort, vieille truië embranée,
   Chiche face importune à l'esquif de mes yeux,
Meduse dont l'aspec pensa, malicieux,
Rendre dans son enfer ma pauure ame enchainée !
   Dieux que fû-je obligé de benir la iournée,
Qui me fit esquiuer ce coup pernicieux,

Qui sous le riche emprunt d'vn habit captieux,
Me fit de tes desseins découurir la menée.

 Ce vieillard que tu pris me fait bien estimer
Qu'amour n'obligeoit pas ta carcasse à m'aimer,
Ains cette pauureté dont elle estoit suiuie.

 Mais tu te trompe fort ; car ie t'eusse au besoin
Donè de iour en iour plus de viande & de pain,
Qu'il ne t'en peut bailler tout le tens de sa vie.

A MONSIEVR DE LA SAVVAGERE,

Contre vn sot medisant.

Scais-tv pourquoi ce faquin me baffouë ?
C'est que ie suis d'vne autre humeur que lui,
Il suit l'orgueil, moi le monde ie fui,
Qui de tels sots visiblement se jouë.

 Riche en habits tout son bien il avouë,
Pour se resoudre aux vanités d'autrui,
Moi, selon Dieu, modestement ie vi,
Pour embrasser la vertu que ie louë.

 Iamais bon liure on ne vid en sa main,
Phebus me plaist, l'étude est tout mon soin ;
Bref, SAVVAGERE, en vivant de la sorte,

 Ce sot contracte & vend mal-apropos,
Moi, j'aime mieux que ma Terre me porte
Que de porter ma Terre sur mon dos.

POVR VN PROCEZ PERDV PAR INIVSTICE,

Au sieur de Courval.

Si i'eusse en lui portant des loüanges friuoles,
Accompaigné mes vers de six bones perdris,
Ie n'eusse pas, COVRVAL, perdu côme ie fis,
Vn procez qui valloit plus de trente pistolles.
   De fait i'apperceu bien quand ses feintes paroles
Taxerent en public l'hôneur de mes écris,
Qu'il ne lui faut qu'offrir, pour emporter le pris,
Des Levraux, des Canards, des Turbots, & des Solles.
   C'est ainsi mon COVRVAL, que nous sômes trétés
Pour honorer des gens qui, sauf leurs qualités,
Sont moindres en effet que ne sont leurs maneuvres,
   Et qui ne deignent pas, quand il les ont receus,
Feuilleter seulement vn fueillet de nos œuvres,
Si ce n'est quand ils ont besoin de torche-culs.

SVR LES MISERES DV TANS.

Qve de lous acharnés sur vne bergerie,
   Qui n'a plus maintenant que les os & la peau,
Que d'apres Medecins sur vn pauvre troppeau !
Qui ne fait qu'aspirer à la fin de sa vie.

Que de Taupes encor en ſi peu de prérie !
Que de cerveaux divers ſous vn mème chappeau
Que de Praticiens dans vn pauvre barreau
Dont tant d'ânes confus ont fait vne écurie !

Que de ris corrompus parmi nos iuſtes pleurs !
Que de Serpens cachez parmi nos belles fleurs,
Que d'ennuis vont preſſant nòtre pauvre province.

Que de bourreaux en œuvre & de voleurs punis,
Si Dieu juſte & vengeur fait la grace à mon Prince,
De cònoitre l'état de nos maux infinis.

DV MARIAGE

D'vn Vieillard, & d'vne ieune Damoiſelle.

DIALOGVE.

Bon hòme qu'as-tu pris ? vne belle fontaine,
Où chacun ayant droit ira puiſant de l'eau,
Qu'as-tu pris, jeune femme ? vn démolli château,
Sans mèche vn vieil fuſil, vn fort ſans Capitaine.
    Bon-hòme qu'as-tu pris ? vne puiſſante chaîne,
Vn feu de-nuit trompeur qui te meine au tombeau,
Qu'as-tu pris ieune femme ? vn vieil mas ſans cordeau,
Vne vieille allumelle indigne de ta gaîne.
    Bon-hòme qu'as-tu pris ? la fin de ton repos :

Qu'as-tu pris ieune femme ? vn vieillard indispos
Pour servir de garand à ton beau Mariage.
 Bon-hòme, ieune femme, en ce mal-heur còmun,
De quoi seruirez-vous ? d'exemple pour nostre aage,
De risee à mes vers, & de fable à chacun.

RESPONSE.

IE veux que ce bon-hòme ait pris vne mondaine,
Dònt l'esprit se repose au brouïl de son cerveau,
Ie veux que cette femme ait pris vn vieil couteau
Qui ne fut iamais propre à l'humeur de sa gaine.
 Ie veux que le bon-hòme aille còme on le meine,
Sans lunettes, sans yeux, sans bàton, sans flambeau,
Que cette ieune femme en son aage plus beau,
Au lieu de vivre en paix, vive toùiours en haine.
 Riche-vieil, il auoit besoin d'vn nouueau feu,
Pauvre ieune elle a pris vn vieillard bien proveu,
Vieil il n'eût peu trouver de féme ieune & riche.
 Pauvre ell' n'eût peu trouver, de ieune hòme opulent,
Donc plùtòt que de voir toùiours leur terre en friche,
Ie di qu'ils ont bien fait selon mon iugement.

CONCLVSION

Sur le même sujet.

Povr avoir pris pour guide amour qui n'a point d'yeux,
  Plùtôt que ton bâton, & tes sages lunettes,
I'ordone qu'à ton huis l'on pende des sonetes,
Pour montrer ta folie aux passans curieux.
  I'ordône que ton huis soit ouvert a tous ceux,
Qui toute ta maison remplissant de sornettes,
Ne permettent iamais que tes humeurs soient nettes
De chagrin, de rancune, & de soins épineux.
  I'ordône que ta femme à tout'heure te trompe
Que son vueil, son dessain, son orgueil & sa pompe,
Perde ton peu de bien, pour gaigner d'autres cœurs ;
  Que pour t'avoir permis vne femme nouvelle,
Ie dis que tes parens auront des curateurs,
Faute qui ne t'ont mis toi même en curatelle.

SVITTE.

Vovs bon-hóme & vous ieune femme,
  Qui d'amour estes condamnez,
Pensant faire bien à vôtre ame
Amour vous fait vn pié de nez.
  Qu'espere-tu d'elle, bon-hóme,

Que de voir cette ingrate vn iour,
Qui te confomant fe confome,
Sur l'efpoir d'vn plus vif amour ?
   Toi qui penfe ètre dé-ja veuve,
Qu'efperes-tu de ce vieillard,
Qu'vn logis où rien ne fe treuve,
Que du pain, du fidre & du lard ?
   Deux ou trois cens livres de rente
Eftoient-ce des biens fuffifans,
Pour rendre ta beauté contente,
Auec vn vieillard de cent ans ?

SVR VNE HALAINE INFECTE.

*P*ETIT *puant, petit infét,*
   Petit cloaque putrefét,
Petit trou petitte fentine,
Petite dalle de cuifine,
Petit bouc plus noir qu'vn corbeau,
Petit Bouquin petit blereau,
Petitte charoigne pourrie,
Petit magazin de voirie,
Petit receptacle d'humeurs,
Petite pefte de nos cueurs,
De qui les paroles relantes
Iettent plus d'ordures puantes,
Par le villain trou de ton bec,

Que ne fait le pont de Robec,
Et de qui l'importune verve,
Qui nous infecte & nous enterve
Fait que ie me suis divorsé
De ce barreau que i'é laissé.

 Petit podagre ie t'adiure,
Petit punais ie te coniure,
Par cette ordure où ie me pers,
Par cette odeur ie te requiers,
De pardoner à ma satyre,
Qui dans ce sujet ne peut rire,
Si pour le bien que tu m'as fait,
Ie ne t'ai pas mieux satisfait,
Et s'en l'horreur de cette fange,
Ie ne peus chanter ta loüange.

 Si vous aués de moi souci,
Muses, retirés moi d'ici,
Ne permettés que ie m'y perde,
Còme l'écarbot dans la merde,
Et que iamais mon pauvre cœur
Ne ressente vne telle odeur!

 Dieux! si pour affliger les hòmes,
En ce tens de peste où nous somes,
Vous souffrés qu'il vive entre nous
Permettés qu'aus despens de tous
Quelque loge on lui fasse faire,
Pour le separer du vulgaire,
Còme les priuez clandestins,
Qu'on recule au coin des iardins !

CONTRE VN RIEVR.

Toi, qui devant le Populaire,
Fais, sous l'habit de consulaire
Ce qu'en public fait Iô-de-lèt,
Tous deux fort semblables vous éte
Vos deux bonets n'ont qu'vne tête,
N'ont vos deux têtes qu'vn bonet.

Quand il cómence sa grimace,
Sur vn Theâtre il prend sa place,
Dessus vn Trotoir ie te voi,
Où tu te prens toufiours à rire,
D'vn peuple qui rien ne desire,
Que de se rire aussi de toi.

Iô-de-lèt, par sa raillerie,
Gaigne ses dépens & sa vie,
Et fait son proffit d'vn chacun,
Toi, par ton ris qui toûiours dure
D'vn chacun la bourse tu cure,
Et vis aux dépens du cómun.

Io-de-lèt, quand il prend sa robbe,
Semble quelque docte Macrobe,
Et n'èt qu'vn gros buffle en effet,
Et toi, gros Asne d'Apulée
Lors que ta Robbe ét dèpouillée,
N'es-tu pas vn âne bien fèt?

DE CHARLES ET DE CLEMENT.

Si Charles èt celuy qui ment,
Charles ſe doit nòmer Clement,
Clement, ſi tu mens quand tu parles
Clement ſe doit appeler Charles,
 Puiſque Clement èt vn menteur,
Puiſque Charles èt affronteur,
Il faut pour fuïr à diſcorde,
Qu'en ces termes on les accorde,
Que tous deux ils ſoient Charlatans,
Et hors de proceʒ ſans dépens.

DV MÊME CLÉMENT.

Si tous les Châtreʒ, ce dit-on,
N'ont iamais de barbe au menton,
Toi, qui ſi peu de Barbe porte,
Eſtant bâti de même ſorte,
Clément que te ſert, par ta foi,
De diſputer contre la loi?

D'VN MESSIRE IEAN DE VILLAGE

qu'vn violon mena dîner le iour de sa première Messe.

Si d'vn Belier on fait la fète,
Si selon l'usage du lieu,
Les Instrumens suivent sa Tète,
Iusqu'au dîner de l'Hôtel-Dieu.
 Di-tu que c'èt chose profane,
Si les violons de ce quartier,
Mènent non la Tête d'vn âne,
Mais vn gros âne tout entier ?

D'VN RIEVR IMPORTVN.

Mais encor, vieil Rieur de foire.
Riras-tu touiours sans sujet ?
Veus-tu toûiours ta grand mâchoire,
Fére voir dedans ce Parquet ?
 Il faut rire ie le confesse,
Le ris est ordinere à tous,
Mais rire còme toi, sans cesse,
Ce rire n'appartient qu'aux foùs.
 Si ce n'èt que beaucoup ie prise
Plus que toi, ce lieu glorieus,

I'ï planterois pour ta devise,
QVI ME REGARDE IL EN VOID DEVX.

 Si ton humeur êt si folâtre,
Que de rire toûiours ainsi,
Va't'en rire sur vn Theàtre,
Sans plus rire en se siege ici.

 Sur toi mème ce Ris redonde,
Nez de Razoir, sçai tu pourquoi ?
Pour-ce qu'en riant tout le monde,
Tout le monde se rit de toi.

 Vieil Io-de-lét, dont la grimace,
Se rit de tout, se rit de rien,
Regarde toi, dans vne glace,
Si tu veux rire à bon ësciení.

 T'ï voyant rire, (chose seure)
Tu riras d'aize d'ètre né ;
Car on ne peut faire à cette heure,
Vn esprit si mal façoné.

DE CLAQVE-DENT.

Toi, qui sous vn faux tèmoinage,
 Pendis vn si saint personage,
Claque-dent, pren garde à ton fait ;
Ma Muse dit en son augure,
Si tu ne change de nature,
Qu'on te fera pendre en effet.

Dé-ja l'equitable Iuſtice,
Et pour ton crime & pour ton vice,
A ſi bien ta vie épluchè,
Que ſans vn gros manteau d'Abbaye
De qui ta femme eſt affublée,
L'on t'auroit dè-ja dépèché.

Si ie voulois reduire en conte
Tes actions de qui i'è honte,
L'encre & le papier, que ie croi,
Ne pourroient ſouffrir & ſuſire,
Pour bien dépeindre & bien décrire,
Vn ſi notable home que toi.

D'VN QVI POVR L'AVARICE ÉPOVSA

LA FILLE D'VNE LADRESSE.

Eheu! patior telis vulnera facta meis!

TENANT *du maternel côté,*
  Son cors de lepre èt tout gâté,
Tenant du paternel lignage,
Le ieu ſera tout ſon ménage ;
S'elle ne tenoit de tous deux,
Son mari ſeroit plus heureux.

Si son avarice l'a prise
Pour son argent que tant il prise,
Si ses enfans, des qu'ilz sont nés,
En sont marquez dessus le nez,
Il peut bien, la faute ayant faite,
Dire en ces vers còme le Poëte,
Helas! i'é moi mème aguisé,
Les tretz dont ie suis traversé.

D'VN REGRATIER DE CONVENT.

T*ANDIS que tu vis sur la Terre*
   D'vn Moine qui boit dans ton verre,
Còme tu bois dedans le sien,
Devrois-tu point mourir de honte,
De vivre en pourceau sur vn bien,
Qui de gloire & d'hòneur t'affronte?
   Quelle vergoigne plus infàme,
De nourrir, auecques ta femme,
Tes filles dedans vn Convent,
A mème la bourse d'vn moine,
Qui d'elles vse aussi souvent,
Que de son propre patrimoine?
   Vieil villain, pourceau d'Epicure
Qui cures, auec tant de cure,
Ce Convent, où ta femme vit,
Scai-tu pas que le bien d'Eglise,

Proffite à cil qui le ravit,
Moins que ne fait vn vent de Bife ?
 Quand ie te voi dans vne preffe,
Si plain d'orgueil, fi plain de graiffe,
Depuis que gueux ie t'ay conu,
Faut-il (ce di-je au fort iniufte)
Qu'vn tel fi tòt foit devenu,
Si gras fi ferme & fi robufte !
 Mais, malgrè ta vilaine pance,
Vieil porc, vieil bouc, plain d'arrogance,
Le Ciel qui cònoît nòtre cueur,
Pour ton orgueil & pour ton vice,
Te rendra vaincu de vaincueur,
Et d'Euéque vn fimple Novice.
 Dè-ja maintes iuftes traverfes
Dè-ja maintes pointes diverfes,
T'ont affiegè jufqu'en ton trou,
Còme oifeaux de viue efcarmouche,
Qui gauplument vn pauure Hibou,
Bloti dans l'Hierre d'vne fouche.
 Ie feré que ta renommee
Sera fi bien par tout femée,
Sur l'horrible vol de mes vers,
Qu'à iamais ta race éperduë
Se verra par tout l'vnivers,
D'heur & d'honeur toute perduë.

DE DEVX BOSSVS

Qui se marierent ensemble.

IEAN & Iàne, assemblans leurs bosses
 La premiere nuict de leurs noces,
Feirent deux miracles parfaits,
Sur ce vain maxime où se trompent,
Ceux qui nous disent que iamais
Deux montaignes ne se rencontrent.

D'VNE DAMOISELLE ET D'VN CORDONIER.

VN Cordònier vouloit chausser,
  Vne Damoiselle assez belle,
Et se sentant le pié presser,
Ilz entrent tous deux en querelle.
  Va gros lourdaut, ce lui dit elle,
Ces souliers sont plus sots que toi,
Pardonez moi, Madamoiselle,
Ce sont vos pieds plùtôt que moi.

D'VNE DAMOISELLE ET D'VN TAILLEVR,

Qui nómerent vn enfant enfemble.

ET bien, cèt mon cèt vn Tailleur,
C'en ét fait ; l'on n'i peut que faire ;
Mais pour cela quel deshóneur,
Lui fait-il en ce Baptiſtére.
　Or laiſſon la leurs qualitez,
S'il eſt beſoin que le Compere,
Ait tant ſoit peu d'égalités,
Pour ſe joindre auec ſa cómere ;
　Ie trouve ſelon mon calcul,
Le trou fort propre à la cheuille ;
Si l'vn ſcait bien ioüer du cul,
Si fait l'autre de ſon éguille.

D'VNE LONG-NEZ

ET D'VN GENTIL-HOME.

MA Dame, excuzes mon devoir,
Si ie ne vous ai mieux baizée,
Vôtre nez de manche à razoir,
Rendra cette faute excuſée.

REPARTIE.

Monsieur, si mon nez vous mal-aize
De me baiser quand vous venez,
Baizez mon cul tout à votre aize,
Puis que mon cul n'a point de nez.

D'VN IMPORTVN ENVIEVX

ET MEDISANT.

Pavvre âne, ès tu bien si hardi,
D'offenser, en bouc étourdi,
Dans le millieu d'vn auditoire,
Vn poëte, de qui les effets,
N'ont iamais offensé ta gloire
Pour ce que tu n'en eus iamais ?
Ie ne t'ai iamais offensé.
Mais si ton esprit insensé,
M'importune encor de sornettes
Iamais Sibilot, que ie croi,
Ne fut si chargé de sonettes,
Que i'en ferai voir dessus toy.
Pour bien rembarrer ton caquet

Quand tu m'agaſſe en ce parquet,
Où l'exceſſif lucre t'atire.
Ie ne veux point d'autre fuʒil,
Pour m'enflamer à la ſatyre,
Que le ſujet de ton babil.

Quand tu ſerois ſorti d'Enfer,
Auſſi Diable que Lucifer,
Si tu m'échauffe vn coup la ratte,
I'auré de toi, moins de ſoucy,
Qu'vn Marcou d'vne vieille Ratte
Quand il la tient à ſa merci.

Tout ce qui t'afflige, en vn mot,
C'èt d'étre ſi buffle & ſi ſot,
De penſer que ie te ſaluë,
Cóme vn tas de freres nu-pieds,
Qui te ſuivent la teſte nuë,
Pour vn proceʒ de ſix deniers.

Si le merite & la vertu,
Meritent le prix debatu,
Sur l'ânerie & ſur le vice,
Toi, qui n'ès rien au pris de moi,
Eſtime tu que ie flèchiſſe,
Deuant vn âne cóme toi ?

EPIGRAME TIRÉ DV LATIN
DE IEAN SECOND.

Dicite, Grammatici, cur mascula nomina Cunnus,
   Et cur fæmineum Mentula nomen habet?

GRAMMARIENS *dites moi,*
   Dites nous par vôtre foi,
D'où vient que le V. de l'home
D'vn nom feminin se nome,
Et que des femmes le C.
Possede vn masculin nom ?
   C'èt pour-ce qu'vn V. s'enflàme,
Au service de la femme,
Et qu'vn C. brusque & vaillant,
Va pour l'home travaillant.

D'VNE VIEILLE

qui pleurant le vin en son yurèe, feit iuger à ceux du banquet, qu'elle regretoit le vin, qu'ils buuoient.

NON, *non, bònes gens ie vous prie*
   Ne croiés pas qu'en ce banquet,
La bòne-femme soit marrie,
De l'excés du vin qu'on y fait.

Le vin qui la trouble à cette heure,
Fait prefumer en ce feftin,
Que c'eft plûtôt le vin qui pleure,
L'exces qu'elle a fait fur le vin.

D'VNE DAMOISELLE

qui frappe fon vieillard par la tête.

Si fa main te frappe à la tète
Scai-tu pour-quoi, pauvre cocu ?
C'èt que iamais ton arbalète,
Ne la frappa bien droit au cu.

D'VN RECTEVR

ignare & ftupide qui fut contraint de haranguer le feu Roy.

Est-ce à ce coup qu'il faut trembler ?
Faut-il à ce coup te troubler ?
As-tu peur de faire naufrage,
Deuant ce Monarque vaincueur,
Qui dòne à tous ceus du courage,
Qui còme toi manquent de cueur.
Si Fébus feît, par fon flambeau,
Parler de Memnon le tableau,

Quand tu ſerois vn cors ſans ame,
Vn recteur ſi bien feint que toi,
Seroit-il pas digne de blame
D'ètre muet devant le Roi?

 Si quelque marbre ou quelque roc,
Portoient au lieu de toi ce froc,
Ie croi qu'ilz feroient des miracles,
Devant ce Soleil de nos Rois,
Sans qui les mieux diſans oracles,
Demeurent ſans ame & ſans vois.

 Si tu dis bien, il te loüra,
Si ta voix bronche il ſupplera
Au deffaut de ta pauvre langue,
Qui iamais n'avoit fait le vœu,
De dire vn ſeul mot de harangue,
Depuis qu'au monde tu t'es veu.

 Ie li bien dé-ja ſur ton front,
Ou que tu boiras cèt affront,
Ou, ſi tu peus y ſatisfaire,
Que iamais, en cèt accident,
Ton pauvre eſprit ne le peut faire
Sans quelque miracle euident.

 Pauvre & triſte vniverſité,
Faut il qu'en cette aduerſité,
Tu ſois le ſujet de ta honte,
D'auoir norri dans ton giron
Vn âne de cuivre où de fonte
Cóme la vache de Myron?

 Au moins tu deuois à l'inſtant,

Qu'on fut cét Idole instalant,
Le faire animer par vn Mage
Cóme Pygmalion vn iour,
Qui fit tant que son bel Image
Devint tout vie & tout amour.
 Muses, pour Dieu prenés le soin,
D'vn pauvre esprit botté de foin,
Qui n'a plus qu'vne âme demie,
Sans que son inégalité,
Puisse offencer la qualité,
De vòtre chere Academie.

ESCHANGE D'AMOVR.

MONSIEVR *au deceu de Madame,*
Fourbissoit la servante vn iour,
Elle éprise de mème flame,
Lui rend au double son retour.
 L'vn va l'amble en cette partie,
L'autre au galop en ce métier,
Cóme vn courtaut d'academie,
Sous les fesses d'vn Escuyer.
 Ce ne sont rien de part & d'autre,
Que cous de bricole & de troù,
Chacun sur le lict se veautre,
Cóme vn veraut dans vne soù.
 Et bien, Monsieur, dit la seruante,

Que trouvez-vous par vôtre foi,
Qui de nous èt la plus fcavante
Ou de Madame ou bien de moi ?
　Par-dieu ie confeffe, Ifabelle,
Que c'èt toi, fans t'aller flatant,
Monfieur ie vous croi bien, dit-elle,
Vn chacun m'en dit tout autant.

D'VNE VIEILLE DÉGVISÉE

qui manque de biens, de meritte, et de qualité,
　　　fe fait mener en carroffe.

Pvis qu'il faut qu'vne vieille fouche
　Qui n'a plus qu'vne dent en bouche,
Se tiene clofe en fa maifon,
Côme en fa coque vn Limaçon,
Faut il que cette vieille roffe,
Se faffe trainer en carroffe ?

RESPONCE.

Celles qui ieunes ont le faix d'Amour porté,
　Vieilles meritent bien de vivre en liberté.

DEMANDE.

Si le carrosse ne se pluce
Que chez lès gens de noble race,
Celle-ci qui còme l'on scait,
Ne fut iamais noble en effait,
Et qui n'est qu'vne vieille rosse,
Doit elle marcher en carrosse ?

RESPONCE.

Si l'habit fait le Moine, on croit à la façon
Qu'elle soit Damoiselle & de noble maison.

DEMANDE.

Le carrosse gravement brave,
Desire vn train bravement grave,
Celle-ci n'a que la moitié,
D'vn carrosse qui fait pitié,
Pour quoi donc cette vieille rosse
Se fait el'trainer en carrosse ?

RESPONCE.

Chacvn fait ce qu'il peut, & la plus part des gens
Vit non pas selon Dieu, mais bien selon le tens.

DEMANDE.

Les carrosses ne sont vtiles,
Qu'aux Dames de Cour é de villes,
Et qui se promenent au loin,
Celle-ci qui dedans vn coin,
Ne vit qu'en qualité de rosse,
Doit elle marcher en carrosse ?

RESPONCE.

La vache qu'on entierre en l'herbe ne peut pas,
Plus loin que son lien émanciper ses pas.

DEMANDE.

Vne femme vieille & frisée,
Ne sert au gens que de risée,
Elle frize & pouldre en tout tens

Ses beaux cheueux de soixante ans,
Pour paroître dans ce carrosse
Plus ieune, plus riche, & moins rosse.

RESPONCE.

Vn cheval rosse & vieil, pour mieux être prisé
Et trouver son marchand doit être dèguisé.

LE KARESME-PRENANT DES MVSES,

où la seance des gras iours

A M. BELOT, CVRÉ DE MIL-MONT.

Puis que Bacus aime la Muse,
Ie veux que ma plume s'amuse,
A chanter le vin maintenant,
Le dos au feu le cul en chaire,
Ioint qu'en ce tans de bone chere,
Tout et de Karesme-prenant.
BELOT, dont l'humeur iuste & libre
N'a iamais suivi le calibre,
D'vn tas d'vsuriers sans pitiè,
Reçoi ces vers que ie-t'adresse

Dignes d'estre mis sous la Presse,
En faveur de nôtre amitié.

 Ie ne crains si le vin ie louë
Qu'à bon droit l'on me desavouë,
Ni qu'on me puisse controller,
En cette humeur où ie compose
Si ie cageole d'vne chose,
Qui me fait l'esprit cageoler.

 Cóme vn Cor est vn cors sans ame,
Si quelque bon vent ne l'enflâme,
Baccus sans la Muse, n'est rien,
Sans Baccus, la Muse est muette,
Et iamais on ne veid bon Poëte,
Si le vin ne l'échauffe bien.

 Le Poëte qui de bon vin manque
C'est sans benefice vne blanque,
C'est vn cors sans muscle & sans nerfs
C'est vn Traquenard sans avoine,
Et qui non plus qu'vn pauvre Moine,
Ne peut iamais faire bon vers.

 Ie ne voi rien si difficile,
Qu'vn bon vin ne rende facile,
Quiconque du vin va buvant
De flasque il se rend redoutable,
De pauvre il se rend respectable,
D'asne il devient docte & sçavant.

 Sur toutte Boisson ie n'aspire,
Qu'au bon vin par qui ie respire,
Le vin est mon contantement,

Le vin nous rend l'ame dispose,
Quiconque autrement vous propose,
C'est vn esprit sans iugement.
 Ie n'aime point la Maluoisie,
Elle trouble ma fantasie,
Le vin sec est vn vin trop cher,
La Cervoise a l'odeur scabreuse,
Elle rand l'ame tenebreuse,
Et le cors lourd còme vn Rocher.
 Le vin, qu'en ces vers ie loüange,
Se fait paroitre (ò chose ètrange)
L'ennemi de nos ennemis,
L'ami de nos amis fidelles
L'entremetteur des grans querelles,
Et le Motteur des compromis.
 Il n'est si grande controverse
Qu'vn bon coup de vin ne renverse,
Le vin est le iuste Bourreau
Des proceʒ & des proceddures,
Qui fourmillent à toutes heures,
Dans le tumulte d'vn Barreau.
 C'est pourquoi l'on void qu'vn pauve hòme
Qui ne boit que du ius de pòme,
Et du poiré dans sa maison,
N'est iamais si chaud à la guerre,
Qu'vn Gascon, qui deſſur sa terre,
Boit du vin en toutte saison.
 Fi de Petun, fi d'eau de vie,
Fi de quiconque en a l'envie,

Vive sur tout le bon vin blanc,
Vive le vin qui reconforte,
Rend l'ame plus viue & plus forte,
Et nourrit le cors de bon sang.
 Le vin còme Hipocrate attefte,
Eft souverain contre la Pefte,
Le vin le mauvais air corromt,
Le vin rend le poltron habile,
Le vin releve vn cueur debile,
Rend l'ame habile & l'efprit promt.
 Le vin fait parler toutes langues,
Le vin inftruit l'hòme aus harangues.
Et norrit la femme au caquet,
Il n'eft fi mèchant & fi herre,
Qui buvant du vin à plain verre
Ne jaze còme vn Perroquet.
 Quand i'en ai l'ame tranfportée,
Ie devien ainfi que Pentèe,
Qui veid deux Soleils dans les cieux,
Le Ciel fremit, la terre tremble,
Chaque hòme a deux cors ce me femble,
L'air bluette devant mes yeux.
 Alexandre aima ce breuvage,
Et iamais son brave courage,
Ne fut aux combatz allumé,
Si fon humeur n'eftoit faifie,
De cette divine Ambrofie
Dont il fut iadis animé.
 Ce fut dont le fameux Ænée

Voulut malgré la deſtinée,
Ses triſtes ſoldats animer,
Lors que ſur la Mer violente,
Iunon d'ire toute boüillante,
Tâchoit de les faire abimer.

 Homere qui deſſus ce boire,
Nous a chanté la même hiſtoire,
N'eut ſi bien ioint dans ſes ècris
Son Iliade à l'Odyſſée,
S'il n'euſt ſon humeur embraſée,
De ce vin dont il fut épris.

 Ie croi que les mêmes Apôtres,
Voudroient en France être des nôtres
S'ils eſtoient encore vivans,
Pour faire tous les iours la Cène,
Sur ce vin qui rend l'ame ſaine,
Et les eſpritz netz & ſcavans.

 Ie di que le Sauveur du monde,
Marchant ſur la Terre & ſur l'onde,
Maudit ce mal-heureux ſejour,
Lors qu'il planta par tout la Vigne,
Fors en ce lieu qu'il creut indigne
De ſa grace & de ſon amour.

 Auſſi void on la Normandie
(Si d'ailleurs elle n'en mandie)
Ne gouter onc goutte de vin,
Et qu'on ne veid iamais Prouïnce,
Si pauvre ſi laſche & ſi mince,
Faute de ce boire divin.

O trois & quatre fois encore,
Heureuſe boiſſon que i'adore,
Autant que j'eſtime celui,
Qui loin de bruit & de tempête,
Ne ſe romt l'eſprit & la tête,
Parmi les affaires d'autrui.

BACCANALE,

ou

LE PRIVILEGE DES YVROIGNES.

L'YVROIGNE excellent & parfait,
N'a rien au cueur de contrefait,
Et iamais ſa face n'eſt blème,
Il va ſi peu diſſimulant,
Qu'il parle mème en ſomeillant,
Le plus ſouvent contre lui mème.
Il quitte pour ſuivre Baccus
Les Piſtoles & les écus,
Son nez porte pour riche marque,
Plus de grenadz & de rubis,
Que ne fait ſur ſes beaux habits,
La fille d'vn puiſſant Monarque.
Il paroit rouge côme vn coq,
Plus que poizon il fuit le choc,

Iamais couteau, dague ni pique
N'ont tiré de son noble flanc,
Vne seule goutte de sang,
Tant son courage est pacifique.

Le vin est tout son element,
Rien que le vin tant seulement,
Ne le possede & le gouverne,
Bref le vin le fait triomfer,
Si le vin estoit en Enfer,
Il feroit d'Enfer sa taverne.

Ie scai qu'à tout plain d'envieus,
L'yuroigne est si fort odieus,
Qu'vn chacun des pierres lui ruë,
Chacun le suit, chacun le court,
Et que cessant qu'il fait le sourd,
On lui feroit quitter la Ruë.

Mais quand le sot peuple le suit,
Il est plus seur parmi le bruit,
Que n'est vn cheval de trompette,
Il n'entre iamais en courrous,
Il fait moins de cas de ces fous,
Que d'ouyr son cul quand il pette.

Bref tout en vn beau mot ie di,
Ce qui fait l'yuroigne Hardi,
C'est que le vin en est la Butte,
Lors qu'au bouchon frais & gaillard,
Il court plus roide qu'vn quillard,
Ne feroit dessus vne butte.

Sur tout il blâme ces esprits

Qui vendent le vin à faux pris
A faux tiltre à fauſſes meſures.
Il a l'avarice en horreur,
Il done au Diable de bon cueur,
Les vſuriers & les vſures.

 Il hait les bruits de Mon-tauban,
Ceus de Rochelle & de Sedan,
Il n'aime qu'à parler de rire,
Et de tous ceux qui vont criant,
Où gît le vin frais & friant,
Et qui chantent le Vaudevire.

 Lors qu'il eſt ſur le vin François,
Il dit qu'il aime mieux cent fois,
Mourir le neʒ dans vn beau verre,
Que de vivre en quelque autre part,
Que de languir ſur vn rampart,
Où mourir de ſoif à la guerre.

 Il ſuit toutes ſortes de gēns
Fors les Soldats, & les Sergens,
Greffiers, Advocats, & Notères,
Si ce n'eſt quand il a beſoin
D'engager quelque petit coin,
Pour ſubvenir à ſes affaires.

 Qu'eſt-ce qu'vn yuroigne n'èt point ?
L'yuroigne èt toû-iours en bon point,
Il rit il boit, il ſaute il chante ;
Il eſt frais cóme vn Pape-gai,
Son eſprit en tout tens eſt gai,
Son ame n'eſt iamais méchante.

9.

L'yuroigne fuit fur tout l'excez,
Non du bon vin mais des procez,
Il dòne au Diable l'avarice,
L'yvroigne accorde à tous accors,
Pourveu que iamais dans fon cors,
La fource du vin ne tariffe.

L'yuroigne peut en tous endrois,
Vfer librement de fes droits,
Sans rufe, fans fard, fans fallace,
Chacun fouz lui fe rend foumis,
Sans force il peut fes ennemis
Forcer de lui quitter la place ;

Qu'il vomiffe en table s'il peut,
Qu'il piffe dans le lit s'il veut,
Qu'il pette qu'il beugle ou qu'il rotte,
Fut il parmi cent Auocats,
Il en fait auffi peu de cas,
Que d'vn pauvre afne qui fe frotte.

Il peut dans fes chauffes chier,
Et les porter fans effuier.
Soit qu'il culbute ou qu'il fourvoie,
Sans faire eftat d'vn peuple fou,
Qui le fuit còme vn pauvre lou,
Lors qu'il chemine par la voie.

Quand en cet eftat que ie croi,
Il rencontreroit vn grand Roi,
Il ne tourneroit pas vifage,
Pour-ce qu'il eft fi glorieus,
Qu'il s'imagine que les Dieus,

Lui doivent même de l'homage.
　　Il marche en toute grauité
Toû-jours la main fur le coftè,
Et le chappeau deffur l'aureille,
Il traine, en marchant, fon manteau,
Il chancelle còme vn bateau,
Bref, fa démarche eft fans pareille.

D'VN OFFICIER.

I'ADMIRE en premier lieu ta riche qualité
　Bien que ton pauvre efprit n'en fut iamais capable,
I'admire ton Palais, & ta venteufe Table,
Bien qu'vn chacun y foit fort maigrement traité.
　Iadmire de tes biens l'extreme quantité,
Bien que l'acqueft en foit devant Dieu deteftable,
I'admire cet eftat qui te rand redoutable,
Non tant pour ta vertu que pour fa dignité.
　Iadmire ton orgueil & cette longue attente,
Qui promet à tes yeux cinq mille écus de rante,
Et dont la iufte mort ton feu pere a mouchè.
　Bref, i'admire l'éclat de ta riche Soutane
Mais i'é honte de quoi l'on dit en plain marchè,
Qu'on la fit tout expres pour l'vfage d'vn afne.

D'VNE INIVSTE FORTVNE.

I'HONORE vn Financier, dont l'honeur & la grace
Ne dementent iamais les belles actions,
Et dont le Ciel reglant les iustes functions,
Fait revivre en ses mœurs la splendeur de sa race.
 L'avarice iamais dans son cueur ne se place,
Sa main fuit la rapine & les corruptions,
Il est au Roi fidele & ses affections
Veillent soigneusement la pauvre populace.
 Mais j'abhorre sur tout la fortune qui fait
Vn riche successeur d'vn esprit imparfait,
Et d'un buffle enrichi maint treforier de France,
 Qui come son ayeul, sans honeur & sans foi,
Ne plonge ainsi que lui ses mains dans la finance,
Que pour vivre aux dépens du public & du Roi.

 Vne ieune beauté de l'aage de quinze ans,
Douce grasse vermeille & d'vne riche taille,
Vne vive beauté plus chaude qu'vne Caille,
Quand il faut se resoudre au combat des Amans.
 Vne aymable beauté dont les yeus attrayans
Pourroient Mars surmonter au fort d'vne bataille,
Vne extreme beauté dont le cueur se travaille,
A trauailler le cueur de mille poursuivans.
 Vne beauté qu'amour par sur touttes élut,

Pour charmer souz sa voix & chanter sur son lut,
Les plus douces langueurs d'vn beau sein qui soupire.
  Beauté qui possedez tant d'amoureux appas,
Celui qui dans ces vers seulement les admire,
Pourroit-il bien les voir & ne vous aimer pas ?

  Vne vieille Guenon de l'aage de cent ans,
Palle maigre bossue & d'vne horrible taille,
Vne vieille drappeaux vne vieille ferraille,
Qui ne fait que pleurer le changement du tans.
  Vne vieille qui peut sous ses yeux effrayans
Espouventer le chef d'vne forte bataille,
Vne vieille sans dens dont l'esprit ne travaille,
Qu'à rompre les desseins des genereux Amans.
  Vne vieille Sorciere à qui Sathan apprit,
A conduire en ce lieu tant d'oiseaux que l'on veid
Perdre à grans coûs de bec la plus part de nos pómes,
  Vieille dont les Corbeaux esperent leurs repas
Quiconques en ressent le domage où nous sômes
Pourroit-il bien te voir & ne t'abhorrer pas ?

FIN DE LA MVSE ÉPINEVSE.

CALLIOPE

ov

LA MUSE ROYALLE

AU ROY

Sur l'heureux succès des armes de Sa Majesté, durant
les Années 1621 & 1622.

VISQVE de plus en plus ces ames infidelles,
Vomiſſent contre toi leurs flâmes criminelles,
Que tout leur but ne gît, qu'à vivre en tout
   orgueil,
Sans foi, ſans Roi, ſans loi, ſans raiſon, ſans conſeil,
Marche marche, grand Roi ; ſui tes ſaintes briſées
Ainſi que ſaintement tu les as commencées,
Et que Dieu, qui des Rois ſeconde le deſſein,
T'a mis l'addreſſe au cœur les armes en la main.

Purge auecques le fer cét incurable vlcere ;
» *Où l'huile est sans pouvoir le fer est necessaire,*
» *De peur, comme l'on dit, que le membre infecté,*
» *Ne rende enfin de tans le corps sain tout gâté.*
Tu le peux, tu le veux, & la France angoisseuse,
Attend ce iuste effèt de ta main genereuse.

La saison t'y convie, & tes braves Sujetz,
Approuvants tes desseins & tes sages projetz,
Brûlent d'impatience & forcenent d'envie,
De perdre en cette guerre & les biens & la vie,
Guerre iuste ou iamais, puis qu'elle a pour son but,
Et l'honeur de l'Eglise & l'heur de ton salut.

He ! qu'eut fait ce grand Roy, dont tu portes l'Image,
Pour estre, comme lui, si vaillant & si sage,
Si ces gens que sa dextre a si bien conservez,
Se fussent contre lui faussement élevez ?
Il les eût mis en poudre ; & leur triste avanture,
Eût servi d'exemplaire à la Race future,
Contre ceux qui voudroient enfraindre vne autrefois,
Les Preceptes de Dieu, la dignité des Rois.

Ainsi doi-tu grand Roy, digne fils d'vn tel pere
Suivre de tes desseins l'entreprise prospere,
Si bien tôt ces esprits, de qui l'orgueil si fier,
Est plus ferme qu'vn Roc, & plus dur que l'acier,
Ne vont se prosternants aux pieds de ta clemence
Pour expier leur crime & purger leur offence.

Dieu qui donna l'addresse au sage Salomon,
La clemence à David & la force à Samson,
La Iustice à Moyse en tous ses exercices,

Tes Armes conduira sous ses heureux auspices
Puisqu'en sagesse & force en iustice & douceur,
Tu possedes tout seul ces vertus, dans ton cœur,
Dont Salomon, David, & Samson, & Moyse,
Conserverent leur peuple & l'honeur de l'Eglise.
 Ta valeur te fera marcher dessur l'Aspic
Et passer sur le ventre au rusé Basilic;
Sans que ton ennemi plus longuement abbuse,
(SIRE, pardone moi si de ces termes j'vse)
Du fruit de ta clémence ainsi comme iadis,
Lors que vaincueur tu tins ces rebelles captis,
Et que sauvant la vie à ces tristes canailles,
Tu privas pour iamais leurs villes de Murailles,
Apres qu'en gemissant ils iurerent leur foi
De ne porter iamais les armes contre toi.
Mais ils feirent bien voir leur parole aussi faulse
Que leur maudite erreur dont le Diable se gausse,
Car ils n'ont pas plustot la corde hors du col,
Qu'ils reprenent le cours de leur perfide vol.
Ils redoublent leur rage & font tout leur possible
Pour rompre les efforts de ta dextre invincible,
Font reuoir leur démarche & parmi leurs méchefs
Ramassant des Soldats, refont des nouveaux chefs,
Qui suivis d'vn futras de troupes insolantes,
Exercent leur fureur dans les Faux-bourgs de Nantes,
Affrontent tes sujetz vont les prestres pressant,
Et brûlent, enragés, les logis en passant,
Tandis que ta presence est ailleurs retenuë,
Et qu'en tes beaux exploits ta valeur continuë.

Mais toi, SIRE, *mais toi, qui de iour, qui de nuit,*
Veilles sur le bon heur qui tout par tout te suit,
Tu leur fais bien paroître à bon droit tout-à-l'heure,
Que leur serment est faux & ta parole seure,
Disposant tes soldats l'on te void resolu,
De punir vivement leur serment dissolu;
Tu marches en campagne, & ton ire embrasée,
Donne comm' vn éclair sur leur troupe abbusée,
Bien que plus grosse en nombre & non pas en pouvoir,
Que la tiene où ton cueur par sur tout se fait voir.
 Rien apres Dieu, que toi, n'enflamme tes Gens-darmes,
Dont le bonheur ne gît qu'au bonheur de tes Armes,
Tu parois à la Teste vn Croissant qui, nouveau,
Sur mille astres nuiteux fait briller son flambeau.
 Rien ne peut retenir ta vaillance guerriere,
Qu'on void en cest assaut parroître la premiére,
Sans que ta Majesté brille plus richement,
Que du fer qui la couvre & lui sert d'ornement.
 Plus soigneux des combats que des vaines pareures,
Tu méprises le fard, le clinquant des doreures,
Ou si rien te fait brave ou remarquer te fait,
C'est ta bouche au Conseil, ton courage à l'effet.
Vn Panache ondoyant sur ta clere Salade,
Sert de marque à ta gloire, à ton cœur de parade,
Ta main porte pour Sceptre vn glaive en ce duel,
Dieu te sert de Bouclair, de Coróne le Ciel,
Bref, on diroit à voir ta Majesté Royalle,
D'Alexandre le Grand monté sur Bucephale.
 Mais ainsi qu'vn Lyon disperse furieux,

Les plus fiers animaux qui s'offrent à ses yeux,
Tu n'as sur l'ennemi pluſtôt ietté la veuë,
Que leur chef perd courage au iour de ta venuë,
Il fait voile, il s'enfuit, & ſemble que les vens,
Pour lui ſauver la vie ayent trop peu de tens.
Il laiſſe pour l'écot ſes Soldats ſur la place,
Qui n'eſperent plus rien qu'vne ſeconde grâce,
Mais en vain ſur ce but leur eſpoir s'entretient,
Ton cueur qui de leur crime à iamais ſe ſouvient,
Ferme à leur cris l'aureille & ſa grace à leurs larmes,
Pour les ſaire paſſer par la rigueur des armes.
Tu les iettes par terre & les mets en morceaux,
De leurs cors tronçonnez ſe paiſſent les Corbeaux,
Tu n'en ſauves pas vn, & l'on void ton épée,
Dans leur pariure ſang iuſqu'aux gardes trempée.

 Et comme on veid le ſang des Geans carnaſſiers,
Engendrer des eſprits pires que les premiers,
A peine, ô puiſſant Roi, cette engence execrable,
Eut ſenti de ton bras l'ardeur incomparable,
Que leur ſang ſe r'anime & malgré leurs malheurs
R'attiſe dans leur ſein cent nouvelles erreurs,
Qui font revivre en France au fort de tes conqueſtes,
Non vn Hydre à ſept chefs, mais vn Monſtre à cent teſtes,
Monſtre que ta vertu par ſes iuſtes efforts,
Doit faire vn iour mourir de cent ſortes de morts.

 Or voyant que leur Secte & leur fole arrogance,
Pour vaincre ton pouvoir a trop peu de puiſſance
Ils changent de méthode & pour dernier recours
Vont chez les Eſtrangers mandians du ſecours,

Tandis qu'en ce deſſein ces ruſés crocodiles,
Tâchent encor vn coup par leurs larmes ſubtiles,
De gaigner ta clemence attendant qu'ils verroient
Succeder à leur gré ce deſſein qu'ils avoient,
Ils vont de ça de là ; leur chetive infortune,
Les force de peſcher dans la bourſe commune.
 Lors Dieu ſcait que d'auis ſemés de toutes parts,
Dieu ſcait que de paquets de tous côtés épars,
Que d'argent épandu par toute l'Angleterre,
Combien en Alemaigne & par Mer & Terre,
Pour ſoudoier vn tas de picoreurs confus,
Qui leur poulier quittant pour ſuivre leurs abbus,
Et qui preſſez de faim livreroient miſerables,
Pour croquer leur argent leur ame à tous les Diables.
Mais ils furent deceus lors que deux cents Anglois,
Moururent au ſecours des pauvres Rochelois,
Et qu'au plus bel eſpoir de leurs vaines lieſſes,
Le comte de Soiſſons les fait tailler en pieces.
 I'ajoute à ce propos, cette fable de Rats,
Qui ſurmontez de faim dans certain vieil cabas,
Quitterent leur ſejour en faveur de deffendre,
Leurs amis que les chats par force veulent prendre.
On leur ouvre la porte ; & (bien venus qu'ils ſont)
De prendre du repos chacun d'eux les ſemond,
Ce ne ſont que feſtins que ragoûts qu'alegreſſes
Qu'eſpoirs de bon ſucces de leurs belles prouëſſes,
Bref, ils ont telle attente en leurs bons compaignons,
Qu'ils mépriſent des chats les aſſauts plus felons,
Ils affilent leurs dents, ils dreſſent leurs aureilles.

Résolus de combattre & de faire merveilles,
Sortent hors de la paille & comme ils sont sortis,
Ils donnent vivement sur leurs fiers ennemis,
Mais leur attente hélas ! eut si peu de durée,
Que de tout ce qu'ils sont tous les chats font curée.

Aussi croi-je en effet que ces Gens égarés,
N'auront pas meilleur sort que leurs confederés,
Si manques de cervelle ils sont si teméréres,
De mettre encor vn coup le nez dans tes affaires.
Ce n'est pas de present qu'ils sçavent Dieu merci,
De quel bois tes Soldats se vont chauffant ici.
Ils le sçavent du tans qu'ils penserent bravaches,
Pâturer dans la France & leurs beufs, & leurs vaches,
Lors qu'en deux pas vn saut, le Roi Charles, dit on,
Leur feit lever le siege à beaux cous de bâton.

Tandis que ta valeur les attend de pied ferme
Ie veux de mon discours suivre le premier terme,
Pour dire que l'enfer n'a rien de si subtil,
Dont leur Secte infidelle & leur traître fusil,
N'ait tiré l'Elixir & la plus vive amorce
Pour leur force aviver d'vne plus vive force,
Faire d'vn feu tout simple & pres qu'aneanti,
Vn brazier qui iamais ne puisse estre amorti.

Mais comme on void souvent leurs malices deceuës,
Pour n'estre, comme on dit, que de fil blanc cousuës ;
Tu meprises leur brigue; & ces tristes Hibous,
Qui ne sifflent iamais, qu'en-fermès dans leurs trous,
Veirent au mesme instant tes guerrieres Phalanges
Foudroier de tout point leurs embûches étranges,

Et leur feit confesser, grand Prince, à leurs dépens,
Ta parole certaine & leurs cueurs decevans,
Et qu'étant Roi de France ils doivent reconoître,
Qu'en dépit de leurs dents tu dois estre leur Maistre.
Ta clemence qui change en leur endroit de nom.
Ne songe plus qu'au sang & non plus au pardon,
Tu vas devant Clerac ville ingrate & mutine,
Qui flotante au sujet de sa propre ruine,
Te reffuse la porte & croyant à Sathan,
Suit l'aveugle chemin qu'a tenu Mon-tauban.

Toi, de qui l'Orient heureusement rayone,
Sur les sanglants combats de l'horrible Bellone,
Tu disposes ton Siege, &, malgré les hazars,
Tu remarques la place & campes tes Soldars,
Soit que dans la tranchée, ou soit que dans les jappes,
Les vns soient employez; ou soit qu'aux contr'-escarpes,
Les autres soient prefix; soient qu'ils veillent tousjours
Qu'aux ennemis bloquez on ne done secours,
Tandis que de pied ferme on soutient les sailliës,
Que font dessus le camp les troupes assaillies,
Chacun comme à l'envi fait conoître en effet,
Combien, à ton service il porte de respect.

En ce sanglant duel, en cette âpre écarmouche,
L'vn met bas cettuici, l'autre a terre le couche,
L'vn a le bras tronqué; l'autre a percé le flanc,
L'autre horrible de coûs de poussiere & de sang.
Le sang coule par tout, & tant plus il decoule,
Moins cesse le Soldat, moins de sang il se soûle,
L'vn avance sur l'autre, & l'autre tout soudain,

Le rejette en arriere & rend son espoir vain,
La victoire est douteuse & l'instable fortune,
Semble au vns favorable, aux autres importune,
Mais les tiens font si bien, Grand Roi, qu'enfin de tans,
Ils fauſſent leur deffenſe & leurs retrenchemens ;
Donent aux ennemis vne si vive chaſſe,
Que neuf cents, contre cent, demeurent sur la place.

Mais comme on void souvent meſlés dedans nos cueurs,
Les douleurs de plaisirs, les plaisirs de douleurs,
Et comme en meſme iour Juppiter nous envoie,
La pluïe & le beau-tans, la tristeſſe & la joie,
Ainſi parmi tant d'heur & tant de bons succès,
Ton cueur se sent touché de maints iuſtes regrés.
Approuvant le mal-heur de ces ames rebelles,
Et regrettant la mort de tes Soldats fidelles,
Tu plains TERMES *sur tous ; ce* TERMES *qui, diuin,*
Void naître ici le terme & l'heure de sa fin,
Et de qui la valeur, qui merite vn volume,
A dicté sous ton Nom cet Eloge à ma plume.

VNIQVE *honeur du Monde ! à qui mille guerriers,*
Ont ſacré leurs regrets & leurs iuſtes lauriers,
Pour qui ton Prince mème, en faveur de tes armes,
Arrouza ton cercueil de maintes iuſtes larmes,
Puiſqu'vn si grand Monarque à ſoupiré ta mort,
Qui ne plaindroit helas ! la rigueur de ton sort,
Si toutes-fois le sort déplorable ie nomme,
De celui qui ses iours pour son Prince conſome,
Et qui trouve plus d'heur de mourir sous sa loi,
Que de vivre inutile aupres d'vn si grand Roi.

Auſsi fais-tu bien voir de quelle bien-vueillance,
Sire, *tu cheriſsois de Termes la vaillance,*
Car la Parque plûs-tôt n'eût termine ſes jours,
Qu'en ta grace Clérac perdit tout ſon recours;
Et comme vn foudre émeu, qui malgré les nuages
Qui s'oppoſent venteux au cours de ſes orages,
Tonne, èclere, forcene & détruit irrité,
L'orgueil plus éminent d'yne fiere Cité,
Ainſi grand Prince, ainſi ta valeur irritée,
Redouble ſur Clerac ſa colere indontée;
Tu pointes tes canons qui bruyans ſous ta voix,
Battent ſi chaudement par trois ou quatre endrois,
Qu'en moins de trente coùs ton foudroiant tonnerre,
Iette en bas les clochers & les maiſons par terre,
L'air bruit, le ciel s'horrible, vn chacun void voler,
Mille Cors tronçonneʒ par le vague de l'air.
 Eux, voiant de combien la partie eſt mal-faite,
Et que le Ciel ailleurs leur attente rejette,
Que quinʒe cents des leurs ſont morts devant leurs yeux,
Et que la force même eſt ſans force pour eux,
Qu'vn chacun voit Clerac clèrement dépourveuë
Des plus beaux ornemens qui contentoient leur veuë,
Que leurs murs ſont ſans murs & ſans force leurs forts,
Leurs logis ſans retrète & ſans fruict leurs efforts,
Ils levent l'œil au ciel, & deteſtant leur vice,
Implorent tes bonteʒ pour vn dernier office,
Et bien qu'ils ſoient contraints de perdre en ces mal-heurs,
Leurs biens, leurs libertés, leurs droicts, & leurs honeurs,
Chacun d'eux toutefois bien peu de choſe eſtime

Vne perte si grande à l'egal de leur crime,
Moyenant qu'il te plaise au fort de leurs méchefs
De leur sauver la vie en te rendant les clefs,
Mais toi, dont le courage & la sage prudence,
Tienent la bride ferme au cours de ta clemence,
Tu reffuses leurs vœux ; & ton iuste couroux
Veut sur tout passer outre & poursuivre ses cous,
Sans tes humbles sujets dont les humbles prieres
Regaignent sous leurs nom tes graces coutumieres,
Si bien que malgré toi, ta Majesté fit voir,
Que ta grace en tous lieux surmonte ton pouvoir,
Donant victorieux & vaincu de leurs larmes,
La vie à tes vaincus, leurs biens à tes Gens-d'armes.
 Or pendant que le Ciel veille sur tes desseins,
Dont les heureux succés se rendent si certains,
Que Montauban se flatte en l'orgueil qui l'abbuse,
Et qu'en ce mesme erreur la Rochelle s'amuse,
Tu poursui ta carriere ; & comme vn beau Soleil,
Qui promenant au Ciel son flambeau nompareil,
Ne chemine iamais par les degrés Celestes,
Sans produire des fruicts aux humains manifestes,
Bel Astre, tout ainsi, tout ainsi, mon grand Roi,
Iamais par tes cite₇ marcher ie ne te voi,
Que tu ne fasses naistre au souhait de la France,
Des fruicts de ta douceur, des fruicts de ta vaillance,
Et si quelques broüillàs poursuivent ton flambeau,
C'èt pour rendre son lustre & plus cler & plus beau,
Rien ne t'est impossible ; & parmi les obstacles,
Tu produis les effets de nos iustes Oracles,

Tu vaincs tes ennemis au milieu des assauts,
Tu renverses par terre & villes & châteaux,
Tes genereux soldats animez au carnage,
N'entendent qu'aux clerons, qu'aux Tambours, qu'au pillage,
Les plaintes & les cris des ennemis felons,
Se perdent dans l'horreur de tes souffreux canons,
Ou si rien les entend c'est ta misericorde,
Qui l'vn sauve du glaive & l'autre de la corde.
 Témoins, Royan, Lombetz, & Saint Iean d'Angely,
Caumont, Saint Anthonin, Bergerac, & Sully,
Nevers, & Mont-Flanquin, Albiac, Négreplisse,
Saint Maixant, Fontenai, reduit à ton service,
Iergeau, Saumur, Lodun, Chatelleraud, Niord,
Qui te rendent les clefs sans faire aucun effort.
Temoins Thouard encor, Taille-bourg, & Sanserre,
Qui sans aucune forme ou de ruse ou de guerre,
Se rendent sous tes loix, tout ainsi qu'Argenton,
Cadenac, Catignac, Carmain, & Pontorson,
Sainte-foi, Pui-laurens, Gignac, Lunel, saint Gilles,
Nismes, é Montpellier, é tout plain d'autres villes,
Qui prises dans vn an par force ou par douceur,
Ont esprouvé ta grace & connu ta valeur,
Où cent chefs combattans sous ta grandeur suprême,
Ont rendu prou d'effets de leur vaillance extréme,
Dont ie tai maintenant le nom, la qualité,
Pour consacrer leur gloire à l'Immortalité,
Lors que j'auré cét heur de t'ourdir vne histoire,
Où la Muse elle mesme & la mesme victoire,
Publiront plus à plain d'vne éternelle voix,

Non tes actes passés, non tes presens exploits,
Ains tes braves assauts, ains tes faits Heroïques,
Tes Triomfes sacrez, tes effetz magnifiques,
Tes genereux desseins, tes sieges commencez,
De villes prise' à force & de Châteaux forcez,
Tes combats valeureux dont ces maudites pestes,
Sans cesse rougiront nos Theâtres funestes,
Iusqu'à ce que le ciel cette grace t'ait fait,
De rendre ton couroux dans leurs sang satis-fait,
Si leur aveugle orgueil, si leur fiere insolence
Ne previennent en bref, ta Royale clemence,
Et n'èteignent le cours de tes iustes ardeurs,
Non par des feins soupirs mais par des iustes pleurs,
Remettant en tes mains le reste de tes places,
Qu'ils occupent encor par guerre où par fallaces,
Bien que sous quelque cause ou couleur que ce soit,
Nul apres Dieu, que toi n'i puisse auoir de droit :
Ce qui fait qu'vn chacun, excepté l'Angleterre,
Et leurs confederez voudroient en cette guerre,
Mourir cent fois pour toi. SIRE *que plût à Dieu,*
Qu'en tes cheres faveurs ma Muse eût quelque lieu,
Ie te suivrois par tout ; & parmi tant d'Orfées ;
Qui chantent à l'envi l'honeur de tes Trofées,
Ie passerois plus outre, & bruirois iusque'aux cieux,
D'vn son masle & hardi tes exploîs glorieux,
Dont l'eternel volume ainsi qu'vne Iliade,
Porteroit sur le front le nom de GALLIADE,
Sans attendre, importun, de mon docte labeur,
Autre-grace plus belle, ou plus digne faveur,

Que ſi peu qu'il plairoit à ta bonté propice,
De nourrir déſormais ma plume à ton ſervice,
Qui ſans faire le vain, mérite plus de prix,
Qu'vn tas de vieils griffons, qu'vn tas de vains eſpris,
Qui ſans foi, ſans hôneur, ſans reſpect, ſans merite,
Briguent indignement ta grace favorite,
Chancrent ton pauvre peuple, épuiſent tes treſors,
Et qui de freſſuriers ſont devenus Milords,
Tandis que ieune Atlas ton cueur plain de vaillance,
Va ſuant ſous le faix de l'Eſtat-de la France.

 Ou bien ſi le deſtin coniuré contre moi,
Me ravit ce bon heur d'eſtre conu de toi,
Puiſſé-je en ta faveur dans quelque ſolitude,
Vivre deſſus le Livre & mourir ſur l'étude,
Sans qu'vn Monſtre importun de proceʒ obſtinés
Qui deſſus mon repos ſont du tout acharnés,
Banniſſe mes eſprits des Muſes ſolitaires,
Pour vacquer aux aſſauts de cent guerres contraires,
Guerre pire cent fois que celles qui nous font
Mourir dans tes combats le Laurier ſur le front,
Guerre qui pour ſon chef a cent Monſtres difformes,
Formeʒ de divers côrs & de diverſes formes,
Qui prend pour bataillon, & qui prend pour ſoldars
Les chagrins, les ſoucis ſemeʒ de toutes pars.

 Ici l'on ne diſcourt que d'affrons & de brigues
Que d'Huiſſiers, de Sergents, de frais & de fatigues,
Procureurs, Advocats, bien & mal conſulteʒ,
De Greffiers exceſſifs, de Iuges affectés,
De cayers ſuperflus, d'outrageuſes ſentences,

De jeunes exceſſifs, d'exceſſives dépenſes,
De minuttes, de ſacs de pieces bien fournis,
De taxes d'examents, de rapports infinis,
De propos, de reſponſe en replique & duplique,
De maint brevet caſſé pour n'eſtre iuridique,
De reproches de ſaons, d'appeaux, de cautions,
De contracts diſputez de mille inſcriptions,
De Notaires notés qui ſont ſur les villages,
Cent fois pires que lous au milieu des herbages,
Qui pour leur crime étans juſtement interdis,
Sont ſouvent par la bourſe injuſtement remis.

  Bref, ce ne ſont qu'aguets, qu'hameçons, precipices,
Qu'enfers, qu'obſcurités, qu'abîmes, & ſupplices,
Labyrinthes, écueils, Syrtes infortunés,
Contre les gents de bien ſeulement deſtinés,
Qui fardès de ſouz-ris, & ſucrez de caſſades,
De feints coûs de chappeau, de feintes bonetades,
De promeſſes de vent, d'infidelles ferments,
Sont pires mille fois que ne ſont les Serpens,
Qui cachez bien ſouvent ſous les fleurs les plus belles,
Navrent nos pauvres cueurs de leurs pointes mortelles,
Où ie croi qu'à la fin le Diable ſe perdroit,
Quand le Diable en proces auroit le milleur droit,
Bien que tout ce qu'on void de plus fier en ce monde
Viene de l'Enfer méme où toute ruſe abonde.

  Qui ſont, SIRE, leurs chefs ? Sont tout plain d'vſuriers,
Qui gaignent (n'en déplaiſe à nos bons Iuſticiers)
Cent fois plus de procés par faveurs & par ruſes,
Qu'vn miſerable Poëte auec vn cent de Muſes,

Si pour juge il n'êlit vn Iuge reveſtu,
Des plus beaux ornemens dignes de ſa vertu.

 Guerre inique ſur tout ; guerre qui nous conſomme,
Guerre où le plus méchant eſt le plus habile home,
Guerre aux Muſes contraire, vtile à ces corbeaux,
Qui de leur Norriçons ſe déclarent bourreaux,
Et qui ſans foi, ſans loi, ſans code & ſans digeſte,
Font d'vn Ange vn Serpent, d'vn Ciron vne peſte,
Guerre qui conſiſtante en diſcordans accords,
Me perdroient, ô grand Roi, les biens, l'âme & le cors,
Si ta grace, ou la mort en qui ma Muſe eſpere,
Ne m'ôtent mort ou vif de ce lacq de miſere,
Dont le joug m'eſt ſi rude & le faix ſi peſant,
Qu'il m'eût trop mieux valu mourir en te ſervant,
Au ſiege de Sainct Iean, ou devant la Rochelle,
Que de ſouffrir helas ! vne fatigue telle.

 Mais quoi qu'il m'en arriue il n'importe, ô grand Roi,
Moyenant que le Ciel, qui veille deſſur toi,
Et qui charge ton chef de Lauriers, & de Palmes
Rende nos triſtes iours & plus doux & plus calmes ;
Que le vif orient de ton ieune Prin-tans,
Diſſipe les broüillas & l'horreur de ce tans,
Affin qu'en peu de iours ces aveugles Pygmées,
Qui s'oppoſent au cours de tes armes ſacrées,
Puiſſent voir la lumiere & recognoiſtre enfin
Qu'il faut que ſous tes loix leur orgueil prene fin.

VAVDEVIRE ROYAL.

Ie m'en vai boire à la santé du Roi,
Sus ce dessein mes amis plegès moi,
    Mon cueur vous en supplie,
Chantons l'honeur de ses braves exploitz,
Qui nous font perdre en ce bon vin François,
    Toute melancholie.
  Puis qu'à present la France est en repos,
Chanton, vuidon les verres & les pots,
    Il ne faut plus qu'on pleure ;
Loin, loin de nous avares rechignez,
Quand vous aurez la blète sur le nez,
    Il n'en sera plus heure.
  Vieilles sans dens qui couvés les ècus,
Fleaux d'Apollon, d'amour, & de Baccus,
    Qui troublez nôtre féte,
Sortès d'icy, marchez en vos maisons,
Pleindre & gemir auprez de vos tisons,
    Sans nous rompre la tète.
  Vous que l'vsure & le monde entretient,
Vous, que l'orgueil à nos dépens soutient,
    Aux cuisines si grasses,
Fuyez d'icy, que la peste bien tost,
Puisse aux Enfers faire faire du Rost,

De vos vieilles Carcasses.
Allez au Diable, & vous & vos tresors
Ce n'est pas vous qui fétes nos accords,
    Quand la France est en·trouble,
S'il n'i pendoit tant s'en faut que cinq souz,
Pour assister la France auecques nous,
    Vous n'auriez pas vn double.
Puis qu'au Public vous ne fétes nul bien,
Laissez nous boire & ne nous dites rien,
    Si nous vivon du nostre,
Que sçauez vous Messieurs, si quelques vns
Voudront pour vous quand vous serez deffunz,
    Dire vne Pate nostre.
Puis que du Ciel nôtre Prince èt beni,
Puis qu'en son grè son vrai Peuple èt vni,
    N'ayons plus d'autres craintes,
Que d'offencer ses hòneurs meritez,
Qui s'égayant de nos prosperitez,
    Fait cesser toutes plaintes.
De Medecins, d'Huissiers, & de Sergens,
De chiquaneurs, de tout plain d'autres gens,
    Le bon Dieu nous preserve,
Qui ne les void ie le croi bien heureux,
Et plus encore qui peut vivre sans eux,
    Lors que Dieu le conserve.
Il vaut mieux vivre auec son peu de train
Le dos au feu le verre dans la main,
    La Perdrix sur l'assiette,
Que de se rendre aux mains d'vn Medecin,

Que de cracher le nez dans vn baffin,
 Et de faire diette.
 Sus donc à moi i'è déja beu d'autant,
Si vous m'aimés vous en ferez autant,
 · Sus sus la main au verre,
Se batre ainsi, s'entrepercer le flanc,
De vin cleret, & l'esprit de vin blanc,
 C'est vne douce guerre.
 Iambons fumès & vous Pâtès de veau,
Tartes, Gâteaux, & langues de Pourceau,
 Si vous-auez enuie,
D'accompaigner ce bon vin que voici
Venez à nous & chassez le souci,
 Qui combat nôtre vie.
 Triste Rochelle, & vous fier Montauban
Qui ne croyez qu'aux abbus de Sathan,
 He ! que pensez vous faire ?
Craignez vous point la fureur de mon Roi,
Qui pour vnir tout son peuple à sa loi,
 Est prest de vous deffaire.
 Esperez vous, quand vous serez vaincus,
Que vous puissiez auecques vos écus,
 Vous remettre en sa grace ?
Non, non, plutôt la mer sera sans eau,
Que vous puissiez fuir le juste fleau,
 Dont le Ciel vous menace.
 Lors que ie songe à ce triste accident,
De qui ma Muse est l'oracle euident,
 Et vous l'heureuse proye,

Ma crainte fuit, ie n'ai plus de tremeur,
Ou s'il me reste encore quelque peur,
C'est de mourir de joye.

FIN DE LA MVSE ROYALE.

MELPOMENE

ov.

LA MUSE FUNEBRE.

A MONSIEVR DANFERNET,

Conseiller du Roy, Président en sa Cour de Parlement de Rennes.

SONET.

QVE ne suis-je aussi près de ta chere presence
Que ie suis éloigné de ton nouveau sejour !
Pour te conter l'ennui qui nous fait chaque iour,
Regretter ton mérite & pleindre ton absence.
Tandis que ta vertu feit icy residence,
Tandis que son éclat brilloit en cette Cour,
Nos iours furent sereins, vn chacun à son tour,
S'égaioit au bon-heur de ta sage Prudence.

Mais puis que le destin nous prive d'vn tel heur
Puisqu'ailleurs ie ne puis posséder ta faveur,
Qu'en cest heureux climat, tout l'honeur de Bretaigne,
 Pren, mon cher DANFERNET, *cette Muse de moi,*
Attendant que le Ciel, qui ton heur accompagne,
Me retire d'icy pour vivre auprez de toi.

EPICEDIE

OV

REGRETZ FVNEBRES.

Sur le Trépas de Monsieur de BERNIERES, vivant conseiller du Roi, President au Parlement de Normandie.

QVEL beau Soleil helas ! va sur nous éclypsant ?
 Quel message, ô bons Dieus, nous va-ton anonçant ?
D'avoir si tôt perdu, malheureux que nous sômes !
Non l'espoir des Humains, mais l'ornement des Homes.
O malheureux destins ! ô cruauté des cieus !
Que vos effetz helas ! nous sont pernicieus !
 Quel Ocean de pleurs, quelz tristes stratagémes
Quel tragique regret, quelles douleurs extrèmes,
Entretiendront mes yeux pour plaindre dignement.
Cèt esprit dont le cors repose au monument !

Vous, qui fûtes jadis ses fideles compaignes,
Vous qui pour l'honorer quitâtes vos montaignes,
Qui, Muses, le suiviez, & qui de vous suivi,
Se veid de vos faveurs divinement ravi,
Si vôtre voix parla par sa divine bouche,
Si son cruel trépas aucunement vous touche,
Si vous reconoissez en combien de façons,
Cèt Astre aima, vivant, vos divines chansons,
Honoron sa memoire, & pour dernier office,
Faison lui de nos vers vn iuste sacrifice,
Verson dessur sa Tombe vne moisson de fleurs,
Et les entretenon des ruisseaus de nos pleurs.
Que vos sacrez Lauriers en Cyprez se mélangent
Et qu'en larmes de deuil vos saintes eaux se changent,
Cessez pour quelque tans de vanter sur vos vers,
L'honeur de ce grand Roi qui donte l'vnivers,
Dont les justes combatz, dont les riches victoires
Surmontent l'impossible & lassent nos histoires;
Servez vous de l'abry de ses Palmes encor
Pour plaindre dignement vn si riche tresor,
Faites de toutes parts. en cent tristes manieres,
Retentir le Trépas de ce grand DE-BERNIERES,
Bernieres qui deffunt vous fait mourir d'ennui,
Et qui voulut, vivant, vous retenir chez lui.
 Et vous Astres brillans, vous esprits adorables
Qui réglez de Themis les Temples venerables,
A qui ce beau Sôleil donoit tant d'ornement,
Tandis qu'il écléra ce sacré Parlement,
Et dont le fier départ cause nôtre infortune,

Que ie regrette helas ! vôtre perte comune,
Ce fut l'appui des bons, des veufves le foutien,
L'efpoir des orfelins, des Pauvres le maintien,
Iamais plus bel efprit le foleil ne veid naître,
Et iamais vn tel hòme au monde ne peut ètre.
Ses publiques trauaux pour faints furent conus,
Et fes iuftes arrètʒ pour oracles tenus,
Lors que, réglant le cours du faint Temple d'Aftrée,
Les Oracles fortoient de fa bouche facrée.
Ce fùt l'heur de nos iours, & fa belle vertu.
Suivit par tout l'hòneur dont il fut revêtu.
Il fut docte, prudent, il fut, còme vrai Iuge,
La frayeur des méchans, des juftes le refuge,
Veillant fur l'interèt du public & du Roi,
Modefte aux accidens, & conftant en fa foi.
Il fut promt en fa charge, & fon ame invaincuë,
D'aucun vent de faveur ne fut iamais émeuë.
Il fut foigneux des arts, & fur tout eftimé,
Les Mufes bien-aimant, des Mufes bien-aimé,
Qui de ce Siecle ingrat injuftement banies,
Quitterent d'Helicon les beautéʒ infinies,
Pour vivre auecques lui, pour faire en fon fejour,
Vn Paradis nouveau de Mufes & d'Amour ;
Où ce Mæcene, épris de leur divine flame,
Traittoit leurs norriçons à l'egal de fon ame,
Bref il fut, còme dit d'Octave Ciceron,
Le pere de Minerve & l'enfant de Iunon.
 Mais ainfi que le Ciel le plus fouvent s'empare,
De ce qu'il void d'exquis, de plus beau, de plus rare,

Et còme le Soleil attire obliquement,
Les plus douces vapeurs de l'ondeux element,
De mème ce grand Dieu dans les voûtes divines
Attire des mortels les ames les plus dignes ;
L'vn produit la rosée & les venteux Zefirs,
Qui, selon les saisons, qui selon nos desirs,
Humectent doucement, sous leurs douces haleines,
Les montaignes, les prez, les valons & les plaines,
L'autre, par la faveur des sainctes Legions,
Comble d'heur nòtre espoir, d'espoir nos actions
Dont le juste progrez, dont les fruits manifestes,
Parvienent à la fin jusqu'aux voutes celestes.

 Voila le beau guerdon, que ce divin esprit,
Possede dans le Ciel aupres de IESVS-CHRIST,
Où vivant des douceurs de sa grace feconde,
Cet esprit s'est acquis ce tresor dans le monde,
Reçoit l'heureux accueil des esprits glorieux,
Qui se sont còme lui rendus dignes des cieux,
Void son Dieu face à face, admire ses merveilles
Et contemple, ravi, ses œuvres non-pareilles,
Se repait du Nectar de ses saintes faveurs,
S'afflige de nos ris, & se rit de nos pleurs,
Discourt des faitz de Dieu dans la trouppe des Anges,
Et chante auecques eux ses divines louanges,
Void d'où le Ciel se meut, sçait d'où les elemens
Tirent leurs qualités, leurs divers mouvemens,
D'où naissent les éclers, d'où procede le foudre,
Còme l'air peut en eau les nuages resoudre ;
Sçait la cause des vens, & leur divers effét,

La forme, la matiere, & la suite & l'objet,
Void du Soleil errant les courses vagabondes,
L'essence de la Lune, & les causes secondes.
Void de combien l'état des Humains malheureux
Differe des plaisirs qu'il reçoit dans les Cieux,
Il void tout, il sçait tout, il entend l'harmonie,
Dont le Ciel s'entretient en sa course infinie,
Bref, il cueille le fruict de ses iustes trauaux,
Tandis que nous flotons dans la mer de nos maux.

   Vous sa chere moitié, vous sa chere compaigne
Qu'vn regret importun maintenant accompagne,
Ie ne sçaurois penser qu'en promenant vos yeux,
Sur ses rares vertus qui decorent les Cieux,
Vôtre ame que sa mort a du tout affligée,
Ne se trouve en ces vers tant soit peu soulagée,
Vers qui vous feront voir que vous pleurez en vain
La perte de celui qui fait vn si beau gain,
Lors que quittant ce cors, ou plutôt cette fange,
Son ame feit au Ciel vn si notable échange.

   Cessez donc de vous plaindre, & faites qu'en vos pleurs,
Vous submergez l'excez de vos tristes doleurs,
Ne pleurés plus celui qui se rit de nos plaintes,
Tandis que nous pleurons de si vives atteintes,
Vôtre époux n'èt point mort; la mort n'a point de lieu
Sur celui qui ne meurt que pour revivre en Dieu;
Le vivre est plus fâcheux; cette mortelle vie
N'èt qu'vne mort vivante à cent maux asservie,
Quittez ie vous suppli' ces pleurs desordonez,
Sans faire tort, Madame, au rang que vous tenez,

Que ſi vôtre douleur ne peut eſtre appaiſée,
Que ces torrens de pleurs ſe changent en roſée,
Que ces rudes ſanglots, que ces fiers Aquilons
Changent en doux Zefirs leurs efforts plus felons.
Que la ſeule raiſon vous ſerue de Dictame,
Contre tant de regretz qui combattent vôtre ame,
Reuenez à vous mème & reuenant à vous,
Ce ſuject vous ſera plus facile & plus dous,
Que ſi le ciel avoit conſpiré ſur ſa vie,
Pourquoi contre le ciel vous rendez vous partie?
Si Dieu pour ſon bon-heur l'a dans le ciel conduit,
Faut-il vous mal-heurer au bon-heur qui le ſuit?
Non, non, chere Artemiſe, au contraire il faut dire,
Que tout ce qu'ici bas la Terre peut produire,
De plus beau de plus cher en ce monde inconſtant,
D'honorer ſa vertu n'eſtoit pas ſuffiſant.

 Lui, qui de mille hòneurs veid ſon ame étoffée,
Qui fut des beaux eſprits l'ynique Coryphée,
Qui des juſtes Mortels fut l'eſpoir & l'appui,
Qui mortel n'eut iamais rien de mortel en lui,
Et qui n'eut rien d'égal à ſon divin merite,
La Terre était trop baſſe & pour lui trop petite.
Rien ne pouvoit attaindre à ſa belle clarté,
Il faloit, pour l'hòneur qu'il avoit merité,
L'elever juſqu'au ciel ainſi qu'vn Ganymede
Sur l'Aigle des vertus que ſon ame poſſede,
C'eſt la, que ce grand Dieu qui juge de nos cueurs
Lui rand à double prix le fruict de ſes labeurs.

EPITAFE DE FEV MONSIEVR DE MONCHAVVET.

Vovs, qui de vos soupirs importunez les ombres,
    Qui troublez vôtre vie au repos de mes jours,
Vos plaintes maintenant me font autant d'encombres
Et qui contre la mort sont manques de secours.

   Ne lisez point ces vers dont la Muse me louë,
Si vous priez pour moy mes amis c'èt assez,
Aux passans incònus ces tristes vers ie vouë,
Non à vous qui mon estre & mon nom conoissez.

   Passant, si tu veux voir d'où procede mon ètre,
Ly ces vers sur ma Tombe où mon cors est reclus,
T'apprenans qui ie suis, ilz te feront conoître
L'état où tu seras quand tu ne seras plus.

   Danfernet fut mon nom, dont la clarté premiere,
Qui reluit sur l'hòneur de mes nobles Ayeux,
Au couchant de mes iours dòne plus de lumiere,
Qu'en son vif Orient le grand astre des Cieux.

   A paine ma naissance eut le pié mis au monde,
Que ma naissance mìt le monde sous le piè,
Destinant dans le ciel, sur qui mon cueur se fonde,
Ma foi mon cueur, mes vœux, mon soin, mon amitié.

   Chacun jugea des lors que l'astre de Mercure,
Suivit mon horoscope & l'heur de mon destin,
Qui de mes actions prenant l'heureuse cure,
Me feit surgir au port d'vne si douce fin.

La vanité du monde auſſi me feit reſoudre,
Que tout le monde eſtoit mondaine vanité,
Que l'hóme qui ne vient que d'vne vaine poudre,
Se peut mèmes nómer vaine mondanité.

Cela n'empècha pas qu'au tans de ma ieuneſſe,
Ie ne feiſſe à mon Roi parètre en tous endrois,
Qu'il faut vaincre ſoi-meſme & changer ſon addreſſe,
Pour l'ètat de l'Egliſe & l'hóneur de nos Rois.

Mes Fils m'ont acquité des trauaux de la Guerre,
Quand l'aage m'axantoit de monter à cheval,
Mes armes m'ont acquis vn Renom ſur la Terre,
Sur qui iamais le tans ne peut faire de mal.

Ie leur laiſſé des biens auecques de la gloire,
Autant que Gentil-hóme en ſcauroit ſouhaiter,
S'ils conſervent entr'eux l'hóneur de ma memoire,
C'eſt tout le bien qui peut mon eſprit contenter.

Pour rendre aprez ma fin leurs vertus eſtimées,
I'é formé leur ieuneſſe au patron de mes mœurs,
Les vns dans les Eſtats, les autres aux armées,
Ont acquis de la gloire & gaigné des hóneurs.

L'avarice, la pompe, & la faveur des Princes
N'ont peu forcer l'hóneur de ma conſtante foi,
De chercher ſur les flots des eſtrangès Provinces,
Ce bon-heur que le Ciel me feit trouver chez moi.

I'é cheri mon prochain autant cóme moi mème
Selon que Dieu grava cette loi dans mon ſein,
Car Dieu n'aime iamais vn hóme qui point n'aime,
Comme ſon propre hóneur l'hóneur de ſon prochain.

Tandis que ie vècu, ma maiſon fut ouverte,

*A ceux que i'é iugez dignes de ma maison,
Ie deteste tous ceux de qui l'ame couverte,
Sous vn masque sucrè cache de la poison.*

 *I'aimé sur tout la paix; j'empéché que mes Hômes
Ne fussent au procez l'vn sur l'autre animez,
La chasse où ie parù sur tous les Gentils-hômes,
Consôma la plus part de mes iours consômez.*

 *Des Lous & des Sangliers j'exterminé l'audace,
Sous l'éclat de ma trompe & le bruit de ma voix,
Les vices de mon tans fuioyent devant ma face,
Comme devant mes chiens les animaux des bois.*

 PASSANT, *retire-toi; mon ombre te convie,
De songer en ta mort plutôt qu'en mon trépas,
Malheùreux est celui qui regrette la vie,
Qui sous tant de malheurs va retenant ses pas.*

EPITAFE DE MONSIEVR D'ARLVS.

CI gît le cors d'Arlus; d'Arlus qui fut vivant
 *Vne fleur de vertu sur le vice des Hômes,
Dont l'esprit dans le Ciel se trouve aussi contant,
Que sa mort nous afflige en la Terre où nous sômes.*

 *A paine sa belle ame à son cors s'vnissoit,
Que le fruit preceda la fleur de son entrée,
Ainsi qu'en Babylone vñe épine se void,
Qui germe au mème iour qu'elle se voit entée.*

 D'vne si rare fleur, d'vn fruit si precieux,

Il feit naitre vn trefor, au prin-tans de fon aage,
Dont les divins effetz fervoient en chaques lieux,
Aux ieunes d'exemplaire, aux vieils d'apprentiffage.

   Cet efprit reffembloit à ces arbres fecons,
De qui chacune branche entretient vne greffe,
Car de tous fes penfers fe formoient des leçons,
Dont fa mort nous a fait vne éternelle fieffe.

   Le Ciel fut le feul but de fes doctes deffains,
Iugeant toute la Terre indigne de fa gloire,
Auant que par la mort fes iours fuffent èteints,
Le foin du monde eftoit éteint de fa memoire.

   Vivant il a toù-jours le vice combatu,
Son cueur en qui vivoit tout le Chœur de Parnaffe,
Eftoit fi plain de gloire, & fi plain de vertu,
Que le vice iamais n'i pùt trouver de place.

   Du Roc de fes vertus vne Onde rejalit,
D'où mille beaux efprits tirent leurs origines,
Ainfi qu'vn grand Torrent qui d'vn tertre fortit
Pour humecter le plan des campaignes voifines.

   Il aima tellement les hòmes relevez
Qu'il s'extazoit au fon de leur vives loüanges,
Il abhorroit fi bien les efprits reprouvez,
Qu'on les void dans fes vers còme porcs dans la fange.

   Vous qui deffus fa foi mettiez tout vòtre appui,
Vous, fur qui fe fonda fon amitié fidelle,
Plaignez fur vos beaux vers le trèpas de celui,
Dont l'honneur vous fait vivre vne vie éternelle.

EPITAFE DE R. A. S. D. L.

Mon ame vit au Ciel, mon cors gît en la Terre,
Vivante est à jamais la gloire qui m'enserre,
Passant, en peu de lieu mes os furent couvers,
Ma gloire a pour Tombeau tout ce grand vnivers,
La Tombe de mon cors d'vn mortel fut bâtie,
Vn Dieu feit le cercueil de ma gloire infinie,
Mon cors & son Tombeau quelque iour periront,
Ma gloire & son cercueil pour iamais dureront,
Pour autant que le tans qui finit toute chose,
N'a pouvoir sur la Muse où ma gloire est enclose,
L'honète Pauvreté fut ma richesse ici,
Et toute ma richesse estoit de vivre ainsi.
 Ie fû pourtant heureux, & le Dieu qui preside,
Sur le sacré trouppeau du Temple Pégaside,
Me rendit si contant qu'enfin ie preferois
Ce seul contantement aux delices des Rois.

LE TOMBEAV

DE FEV MONSIEVR DV GAST,

ci-deuant dedié à feu Madame de la FOREST,
ſa Mere.

Vovs, qui courés les airs, les cieux, la terre & l'vnde,
Vous, qui regleʒ le cours des accidens du monde,
Vous qui cauſeʒ le bien & forgeʒ le malheur,
Vous, de qui le plaiſir ne ſe plaît variable
Qu'à traverſer celui dont l'eſpoir miſerable,
Eſpere en vos effets trouver de la faveur.
 Ceſſeʒ pour l'aduenir, ô fieres Deſtinées,
Ceſſeʒ, vos mouvemens, vos cours & vos menees,
Si le but plus commun de vos effets divers,
Eſt d'élever le vice & la vertu deffaire,
Nous raviſſant Dafnis, que ſçaurieʒ vous plus faire,
Puiſque Dafnis étoit l'hòneur de l'vnivers?
 Si prodiguant en lui tant de graces fameuʒes,
Pour l'obliger aux lois des Parques rigoureuʒes,
Vous le fîtes mortel en cet humain ſejour,
Que ne permetieʒ vous, ſans lui porter envie,
Ou qu'il vècut du moins vne plus longue vie,
Ou qu'il pût voir ſa fin auſſi tòt que le iour?
 Nous n'euſſions pas perdu l'eſpoir & le courage,

De voir ce ieune Mars en l'Auril de son aage,
Briller dans la campaigne au milieu des guerriers,
Emploier sa valeur au bien de la Province,
Triumfer de la crainte & sacrer à son Prince,
Ses armes, sa vertu, sa gloire, & ses lauriers.

  Soleil, vi-tu iamais vn Caualier plus digne ?
Et portas-tu iamais, o Terre, vn plus insigne ?
Mort, as-tu bien le cueur de l'avoir abbatu ?
Cieus, pûtes vous permettre vn si cruel deçastre ?
Veîtes-vous sans horreur éclypser ce bel Astre,
De qui les Astres mème empruntoient leur vertu ?

  Toi, que la méme horreur a conceu dans les vmbres,
Où se font les malheurs, où se font les encombres,
Monstre, qui des Enfers aux meurtres fus instruit,
Cruel, làche & perfide eu-tu bien l'assurance,
De meurtrir làchement ce Surgeon dont la France
Se promettoit la gloire aussi bien que le fruit ?

  Vivant il fut parfét & du cors & de l'ame,
Mars dressa son courage, & l'amour de sa flame,
Enflamma doucement les traits de sa beauté,
Les Muses à l'enui celebròient ses loüanges,
Et l'hóneur qu'il s'àcquit en tant de lieus étranges,
Où pour seruir son Prince il s'estoit transporté.

  Ces diuines vertus, ces beautés singulieres,
Cachoit des fruits tous meurs sous des fleurs printanieres,
Il fut né pour bien faire, & pour bien discourir,
Bref, en le façonant la Nature fut telle,
Qu'elle en fut amòreuse autant còme cruelle,
De le faire ainsi naître & le faire mòrir.

Pour ce qu'eſtant divin nulle induſtrie humaine
Ne pouvoit paindre au vif ſa vertu ſouveraine,
Ces trois Dieus eurent ſoin de tracer ſon renon,
Mars du bout de ſa lance a gravé ſon audace,
Amour d'vn plus beau trét la douceur de ſa grace,
Et Phœbus a chanté ſon los ſur Helicon.

 Chaſte & ſainte FOREST, *aux vertus conſacrée,*
Puiſque cette belle ame eſt de vous ſeparee,
Puiſque ce fils de Mars eſt ſous le monument,
Vous pouvez bien en pleurs paſſer vos exercices,
Car en perdant DAFNIS *vous perdez vos delices,*
Puis que Dafnis eſtoit votre contantement.

 Qu'on n'entende chez vous que complaintes funebres,
Que l'on change en regrés tant de chanſons celebres,
Dont vos Nimfes ſoloyent animer vôtre bois,
Lamentés deſormais ſa cruelle auanture,
Et que les triſtes eaus accordent leur murmure,
Aux accens langoreus de leurs dolentes vois.

 Mais non, conſolez-vous en ces triſtes vacarmes,
Submergès vos ennuis au torrent de vos larmes,
Que ce torrent de pleurs mette fin à ſon cours,
Que la conſtance regne où la douleur demeure,
Puis qu'il faut ici bas que toute choſe meure,
Et voir notre naiſſance en la fin de nos iours.

 La mort ſurmontant tout met toute choſe en proïe,
Les enfans des Dieus mème ont ſenti devant Troie
L'inevitable arrèt du pouvoir de ſes mains,
Iupiter ne pùt onc tant fére que la Parque
N'ait ſon fils Sarpedon fét paſſer dans ſa Barque,

Et paié le tribut que lui fait les Humains.
    Bien qu'il faille subir vne telle contrainte,
Dafnis sur Sarpedon a du moins cette attainte,
Qu'ayant éternifé son renom precieux,
Le Ciel fera, malgré le Tombeau qui l'enferre,
Qu'autant qu'il fut aimé des Homes sur la Terre,
Il se verra cheri des Anges dans les Cieus.

IN TVMVLVM NOBILISS.

VIRI IANI BAPTISTAE VASSII,

Gastæi

ELEGIA.

GASTÆO *dederat Natura genusque decusque*
    Corpus & infractum robore munierat.
Artibus ipsa suum Pallas formârat alumnum,
    Edoctum forti tela mouere manu.
Edoctum pugnacis equi calcaribus armos
    Figere, vel frænis flectere mobilibus.
Iamque animo inuicto caput obiectare periclis
    Nouerat, huic ferrum stringere ludus erat,
Cumque Venus talamos, atque arma Cupido parasset,
    Vt iuuenem castris sisteret ipse suis:

Haud Marti genitum potuere auertere ab armis,
*   Mollibus aut animum frangere deliciis.*
Vix malis, lanugo, huius cum martia dextra
*   Fixit apud Belgas inclita signa sui.*
Ceu iubar eximium radioso lumine, latè
*   Militis emicuit gloria prima noui.*
Inuidit Mors dira, scelus meditata nefandum,
*   Latronisque manu perdidit intrepidum.*
Lethali plumbo pectus, transfodit inerme,
*   Quod Mars armatum vincere non poterat.*
Ceu Paridis telo cecidit transfixus Achilles,
*   Crudeli virtus vulnere lassa iacet.*
Sed Fama egregium quæ quondam exciuit Homerum,
*   Pelidæ ut caneret splendida facta Tuba,*
Illa eadem Musas toto ex Helicone vocauit,
*   Que ferrent tristes huic tumulo inferias.*
Sed nullum nobis hæc ferrea sæcla tulere
*   Mæonidem, hunc dignis qui lacrimis decoret.*
Non superest Orco mersum qui vendicet Orfeus.
*   Defuncto reditus impia Parca negat.*
Quod licet, hæc patrio offerimus monumenta dolori,
*   Viuat ut æternum mortuus ante diem.*

SVR SON ANAGRAME,

IEAN BATISTE DE VASSI,

Dieu t'a bien aſſiſté.

Ce iour te fut enſemble heureux & malheureux,
Où l'on veit, cher Le Gast, ta lumiere ravie,
Malheureux pour ſentir ce coup pernicieux,
Heureux pour ce qu'en Dieu tu diſpoſois ta vie.
Au retour de l'Egliſe, incertain de ton ſort,
Dieu t'a bien assisté contre cette aduenture,
Mais l'Auteur de ta fin a priué par ta mort,
Son ame de ſalut, ſon cors de ſepulture.

EPITAPHE

DE FEV MADAMOISELLE DE BORDES.

Folligni fut mon nom & ma naiſſance,
Le Ciel mon but, la Terre mon tumbeau,
Dieu me feit naître, en mon aage plus beau,
Dans la Colvmbe vne heureuſe alliance.
A mon Epoux i'é donné ma creance,
A mes enfans i'è ſervi de flambeau,

I'e dans leurs cœurs, comme dans vn tableau,
De mon amour gravé la souvenance.
 I'é mis en Dieu mon soin & mon espoir,
Ma patience aux ennuis i'é fait voir,
Et mes plèʒirs aux douleurs de l'envie ;
 Mourante ainsi, PASSANT, tu ne dois pas,
Plaindre ma mort, ny regretter ma vie,
Qui me fait vivre en dépit du trépas.

EIVSDEM EPITAPHIVM

ANGVSTO tegitur Gilleta Folignia busto,
 Augusto Carum marmore digna tegi.
BORDIVS huic coniux, fractus mœrore, parasset
 Arte laboratum Phidiæca tumulum :
Sed cui viuæ odio fastùs, & inania mundi
 Ludicra, defunctæ pompa molesta foret.
Ipsa sibi viuens, monumenta perennia struxit,
 In quæ nil quidquam secula iuris habent.
Candor, & alma fides, pietas, prudentia constans,
 Quas coluit vitæ sunt monimenta piæ.
Hæc eadem proli (superest quæ multa fideles)
 Esse dedit comites, perpetuasque duces.
Clareat his titulis istud fine fine sepulchrum,
 Nec Mausolæi molibus inuideat.

SVR LE TRESPAS

DE GABRIEL, ET TANEGVI LE CHEVALIER,

fils de Monſieur d'Aigneaux, Preſident aux Eleuz à Vire.

Devx ieunes Chevaliers repoſent
   Sous ce Tombeau chargé de dueil,
Dont les cieus, qui de tout diſpoſent,
De leurs cors ne font qu'vn cercueil.
   Paſſant, qui paſſes ce paſſage,
Songe en ta Mort; va ton chemin,
Puis qu'en faiſant même voyage,
Tu dois prendre vne même fin.

A MONS. HERMIER,

conſeiller au Preſidial de Caen, ſur la mort de ſon fils.

SONET.

C'en eſt fait; & iamais les pleurs en cete perte,
   (Bien qu'elle ſoit ſans pair la perte que tu fis)
Ne te feront revoir ni revivre ton fils,
Que la Parque a ſurpris en vne aage ſi verte.

HERMIER, ton fils vivroit si la Muse diserte
Pouvoit vaincre la mort où tes vers sont prefix,
Vers qui rendans nos yeux en larmes tous confis,
Pourroient fendre le cueur d'vne roche deserte.

 Soit qu'il eût à saize ans aux lettres fait son cours,
Qu'il soit mort sur le point qu'en l'Hyver de tes jours,
Il deuoit te sur-viure au saint Temple d'Astrée,

 Sçai tu pourquoi le Ciel s'est de lui revêtu?
Pour ce que de ce tans l'ignorance ferrée,
N'étoit digne du fruit de sa belle vertu.

AVTRE.

AINSI void-on au fort d'vne attente incertaine
Le laboureur privé des fruits de son labeur,
Lorsqu'vn tans plain de grêle & tout noirci d'horreur
Les renverse & les brise au milieu de la Pleine.

 Ainsi parmi l'espoir qui vers le port l'ameine,
La Nef ressent le coup d'vn semblable malheur,
Lorsqu'approchant du bord vn vent plein de fureur,
La rompt contre le flanc d'vne Roche inhumaine.

 Mais comme le Nocher fait voir en ce naufrage
Qu'auecques l'esperance il ne perd le courage,
HERMIER, tu dois montrer en la mort de ton Fils,

 Que d'vn courage tel ta constance est suivie,
Le Ciel te le dona, le Ciel te l'a repris,
Pour le faire revivre vne éternelle vie.

SVR LE TRESPAS

DE MONSEIGNEVR LE DVC DE MAYENNE.

PASSANS, *sous ce Tombeau, gît ce foudre de Mars,*
Ce Prince dont le nom brille de toutes pars,
Si de voir sa vertu quelque honeur te convie,
Ly tout ce que iamais Homere en ses écris,
Chanta de plus fameus de ces braves espris
Qui moururent pour vivre vne éternelle vie.

MARS *logea dans son cueur des qu'il fut au berceau,*
Amour dedans ses yeus, Pallas dans son cerveau,
Tout le chœur de Phebus sur sa gloire s'assemble
Et pour faire que tel chacun le reconùt,
Quelque chose qu'il feit il sembloit que ce fùt
Mars, Amour & Pallas & Phœbus tout ensemble.

Estant donques Guerrier, Amoureux & sçavant,
Il s'acquit vn Renom pour tout iamais vivant ;
Languedoc èprouva ses vaillances suprèmes :
Mille beautez l'aimoient, Paris eut soin de lui,
Lui méme vainquissant tout le sçavoir d'autrui,
Iamais ne fut vaincu d'autrui que de lui mèmes.

Mais comme la vertu ne peut vivre en repos,
Bien que mille envieux vomissent sur son los
Les venteuses fureurs de leur secte ennemie,
La crainte toutefois ne le peut émouvoir,

Où bien *ſi dans ſon cueur quelque crainte eut pouvoir,*
C'eſtoit d'offencer Dieu, ſon Prince & ſa Patrie.

 Traçant l'heureus chemin de ſes braves Ayeus,
Il a rendu ſa gloire admirable en tous lieus,
Et de mille Lauriers honoré leurs conquètes;
Bref, ce foudre de Mars fut ſi ialous d'honeur
Qu'il ne faiſoit iamais paroitre ſa valeur
Qu'au milieu des combatz, des bruis è des Tempêtes.

 La mort ſe ſouvenant qu'aux aſſaus inhumains
Il priva ſon pouvoir du tribut des Humains,
Froiſſant les ennemis de ſon Prince proſpere,
Ialouſe d'vn tel heur enfin el' l'abbatit,
Craignant que de ſon ſang vn enfant ne ſortit,
Qui reſſemblàt vn iour aux vertus de ſon pere.

 O Mort, iniuſte Mort! tu peux bien cette fois
Te vanter d'avoir peu ranger deſſous tes lois,
Tout ce qui reſtoit vaincre à ta fureur barbare,
Et que tranchant ſa vie en la fleur de ſes ans,
Tu as cruellement deffait au méme tans,
Tout ce que notre ſiecle eut iamais de plus rare.

 Mais quoi? bien que tes trets & tes cruels effors
Privent ce bel Eſprit du ſeiour de ſon cors,
Tu n'as rien fait pour toi qui ſoit digne de gloire,
L'honeur qu'il s'eſt acquis au parti de ſon Roi,
Ne permetra iamais que ton bras plain d'effroi,
Puiſſe arracher ſon los du Temple de Memoire.

 Les larmes dont la Muſe arrouſe ſon renom,
Font revivre en ſa mort vn immortel ſurgeon,
Qui doit iuſques aux cieux elever ſa naiſſance,

Pour montrer qu'impuiſſant ſur eux eſt ton effort.
Leſquels de mort vaincus ſont vainqueurs de la Mort
Qui ne peut ſur la gloire exercer ſa puiſſance.

 Qui voudroit pour l'honeur dont il fut revêtu,
Lui bâtir vn Tumbeau digne de ſa vertu,
Il y faudroit graver vn monde de gen-darmes,
Qui de glaives pointus s'outreperçant le flanc,
Feiſſent de leurs côtés naiſtre vne mer de ſang,
Qui ravageât leurs cors au milieu des alarmes.

 Il y faudroit encor des Caſques, & Braſſars,
Corſeletz, Coutelas, Cuiraſſes, & Cuiſſars,
Mouſquets, Picques, Chevaux, des Lances, & Trofees,
Aſſauts, villes, & Forts, & châteaux renverſés,
Dont ſes braves ayeux aux Guerres bien verſés,
Ont icy pour iamais leurs vertus étofées.

 Il y faudroit graver la priſe d'Albiac,
Le ſiege de Caumont, Montauban & Nerac,
Le Languedoc, Gaſcogne, & mainte autre province,
Où ceux qui leur party tenoient contre le Roy,
Sentirent de combien ce pilier de la Foi,
Portoit d'heur à l'Egliſe, & d'honeur à ſon Prince.

 Si Thetys pour Achille a conceu des douleurs,
Si pour Memnon l'Aurore a verſé tant de pleurs,
Si Rome pour Ceſar fut iamais doloreuſe,
Hélas! que tu dois bien, ô France deſormais
Enfler tes eaus de pleurs, & tes bois de regrets,
Perdant de ce Soleil la clarté vigoureuſe.

 Par la viue ſplendeur de ſes Faits genereus
Il diſſipa de Mars les aſſauts onereus,

Chassant loin de tes murs ses guerrieres phalanges,
Et le los qu'il s'acquit par mille beaus explois,
Rompit le long silence où iadis tu soulois
Viure manque de gloire, & vefve de louanges.

 Dieux qu'étrange est le siecle où chetis nous vivons!
Lorsque par nos travaux quelqu'heur nous poursuivons,
Dans vne mer d'ennuis nos ames sont plongées,
Le vice nous maitrise & moissonne nos fruis;
Sans que nulle vertu puisse entre tant d'ennuis,
Rendre de nos beaus iours les courses prolongées.

 Belle ame, s'il èt vrai que les vers pleins d'appas
Touchent apres leur mort les ombres de là bas,
Reçoi ces tristes pleurs, que ma Muse a puisées
Sur ton sacré Tumbeau, digne d'vn si beau pris:
Ainsi puisse au milieu des plus braues Esprits
Ton vmbre reposer dans les chams Elisées.

IOANNES BABTISTA DE VASSI.

Anagramma.

DIVA PIETAS EST ANSA BONIS.

CVNCTIS qui fuerat pectore dux suo,
 Hostiles animos cuspide fregerat.
Est, diua vt pietas, ansa bonis viris,
 Gastus Sydera qui tenet.

TOMBEAV

DE FEV MONSIEVR LE PREMIER PRESIDENT.

FAVCON repose ici, Passant, il te suffit ;
Si tu veus de sa mort tirer quelque profit,
Et de l'heur de ses iours vn docte apprentissage,
Ly tout ce que la Muse a chanté de plus beau
De tous ceux qui passans par ce mesme passage
Se sont par leurs vertus garantis du tombeau.

Non, Passant, ie te trompe ou ie me suis deceu,
FAVCON, qui vit au Ciel, ne gît point en ce lieu,
Son cors tant seulement fut mis dessous ce marbre :
Lors que son bel esprit moissonna dans les Cieux
Cet heur qui l'entretient tout ainsi qu'vn bel arbre
D'vne heureuse moisson de fruits delicieux.

L'homme ne peut mourir lors qu'il a bien vecu,
C'èt vn roc qui iamais par les flots n'èt vaincu,
C'èt vn Astre luisant dans vne nuit profonde,
Vn Phenix renaissant en la fin de son cours,
E' qui côme vn Soleil qui se cachant dans l'onde,
Retrouue en son couchant l'orient de ses iours.

Donc, puis qu'il èt ainsi, Mortels, ne doutons point
Qu'vn esprit si diuin n'ait gaigné ce beau point
Sur la mort qui pensoit triomfer de son ètre,
E qui tranchant sa vie au milieu de ses ans,

Le voit apres ſa mort plus viuemeut parétre,
E vaincre aprés ſa mort la puiſſance du tans.

　Il fut ſi plein de gloire é ſi comblé d'honneurs,
Que la mèmc vertu recerchoit ſes faveurs,
Pour d'vn plus vif effort plus vivement deſtruire
Mille abbus dont on voit ce tans s'entretenir,
Où le vice à preſent exerce ſon empire,
Pendant que l'Antechriſt s'avance d'y venir.

　Ses merites divers, ſes belles actions,
N'enfantoient que de l'heur é des perfections,
Qui du ſiecle inconſtant corrigeant la nature,
Feirent ſi bien la guerre à l'infidélité,
Qu'ils ſerviront de guide à la race future,
Et de fidele exemple à l'immortalité.

　Bref, il s'eſt tant d'honeur é tant de gloire acquis.
Que qui ne l'a conu n'a rien conu d'exquis,
E iamais la nature, en cèt âge où nous ſommes,
N'auoit formé d'eſprit à cet eſprit pareil,
Lors que de ſa clarté la mort priua les hommes,
Pour enrichir le Ciel d'vn ſi rare ſoleil.

　Auſſi fut-il toùiours, tandis qu'il fut ici,
L'honneur des beaus eſprits, des Muſes le ſouci,
Sur la crainte de Dieu ſon ame fut ancrée,
Lors qu'en dépit de lui le Deſtin l'eut admis
Comm'vn aſtre brillant dans le Temple d'Aſtrée,
Pour y regler le peuple & ſeruir ſes amis.

　Comm'il fut ſur le point de ſon proche trépas,
Il reſigna ſa charge, & le iuſte compas
De ſes graues deſſeins, ſur la foi de ſon frere,

Qui fidelle Pollux d'vn si digne Castor,
Tient si bien le chemin qu'il esperoit parfaire,
Qu'on croit qu'en cettui-ci l'autre reuiue encor.
  Si les vers qu'en son nom ma Muse a composez,
Peuuent toucher ton cueur iusqu'aux champs Elysez,
Où les Manes sacrez font gloire de ta gloire,
Reçoi ces tristes vers, tesmoins de sa douleur,
Ainsi puisse tu viure autant dans sa memoire,
Que la tienne est viuante au profond de son cueur.

FIN DE LA MVSE FVNEBRE.

L'ENTRETIEN DES MVSES

AV ROY.

PRINCE, autant aimé dans la paix,
Que redoutable en tans de guerre,
La Muſe exalte vos beaux faits,
Et Mars conſerue vôtre terre;
Vous fourniſſant de toutes parts,
Tant de Chefs, é tant de Soudarts,
Contre vos troppes ennemies,
Qu'au ſeul bruit d'vn ſi puiſſant Roy
Leurs faces deviennent blémies,
Et leurs membres tremblent d'effroy.
   Bien qu'il ſemble que les Deſtins
Contre nos attentes inclinent,
Tandis que tant d'eſprits mutins
Deſſur vos ſujets ſe mutinent
Le Ciel fut tellement pour vous,

Lors qu'ils vindrent à deux genoux
Vous demander misericorde,
Qu'ils eussent senti la rigueur
De vos armes ou de la corde,
Sans l'excez de vôtre douceur.

 Sans la faueur de cet espoir
D'arréter vos coûs par les larmes,
Quel monstre auroit bien le pouuoir
De disputer contre vos armes ?
(Dont le Turc redoute l'effect)
Si ce n'étoit ce seul sujet
Qui me permet cette licence
De dire, ô grand Roy, devant tous,
Que l'exces de vôtre clemence
Leur fut plus utile qu'à nous.

 Comme l'ecarboucle à l'anneau
Donne beaucoup d'air & de lustre,
La clemence est vn vif ioyau
Dans le cueur d'vn Monarque illustre ;
Mais pardonner auec excez
Apporte vn si mauuais succez
A l'endroit du crime é du vice,
Que les Grecs tiennent ce pardon
Pour vne espece d'iniustice
Plus tôst que pour vn iuste don.

 Hé! quel fruit avons nous receu
Des sermens de nos aduersaires,
Qui vôtre clemence ont deceu,
Sous tant de promesses faussaires ?

Qui coupables d'autant de morts
Meritoient les juftes efforts
Des plus effroyables fupplices,
Afin qu'vne fi trifte fin
Seruît d'exemple à leurs complices
Pour fuiure vn plus iufte chemin.

 A quoi tant d'étranges clameurs,
Si, durant le fiecle où nous fommes,
L'on ne punit par les rigueurs
Le crime & la coulpe des hommes?
Si vous n'oyez les iuftes cris
De mille genereux efprits,
Qui reffentent la felonnie
De tant d'hypocrites diuers,
Qui chancrent fous leur tyrannie
Ceux qui les peignent dans leurs vers?

 Cela, SIRE, fait qu'auiourd'hui
L'on n'ofe le vice dépeindre,
E' que pour viure au gré d'autrui
L'on doit fe changer ou fe feindre,
Et fous vn feint nom d'amitié
Rire é danfer l'épine au pié,
E ne parler qu'à tefte nuë,
A des gens qui moindres que nous
Couuent dans leur ame incognuë
Mille maux dont ils font abfous.

 Que fi les chantres de Phebus
Impetrent de vous la puiffance,
De vous figurer les abus

Qui se commettent dans la France,
Et que, les sçachant, vous deignez,
De ceux qui seront condamnez,
Faire vn prompt supplice exemplaire,
Vous ferez renaître vn tresor,
Dont la valleur sera plus chere
Que la beauté du Siecle d'Or.

 Bien que mon lut parle trop bas,
Bien que ma voix soit enroüée
Grand Roy, si ne lairray-ie pas,
Si de vous elle est auoüée,
De chanter vos diuins exploits,
E comme iuste è vrai François,
Après tant d'heureuses loüanges,
Dépeindre en l'horreur de ce tans,
L'abus é les brigues étranges
De tant de ruzez charlatans.

 D'où vient que ceux du tans premier
Viuoient mieux que ceux de nôtre aage,
E que le vice familier
N'étoit, comm'il est, en vsage?
Pource que les Poëtes diserts
Diffamoient si bien par leurs vers
L'orgueil, le larcin, l'auarice,
Que quiconqu'étoit d'eux repris,
Aimoit mieux se voir au supplice
Que dans l'horreur de leurs écris :

 Les vers en telle estime étoient,
E les Muses tant honorées,

Que les Princes les adoroient
Ainsi que Deïtez sacrées:
Si Virgile, Horace, Ennius
N'eussent iamais été connus
De Scipion, é de Mæcene,
Dont ils possedoient les faveurs,
SIRE, quelle preuue certaine
Auroit-on de leurs beaux labeurs?

 S'il est permis de loüanger
La vertu des hommes illustres,
Peut-on point blâmer sans danger
Le vice des hommes iniustes?
E si l'on parle en general
Autant du bien comme du mal,
Pourquoy ces pourceaux d'Epicure,
(S'ils n'ont point de part au gateau)
S'offensent-ils de la figure
D'vn si veritable tableau?

 Les astres qui sont dans les Cieux
Ont presqu'vne mesme apparence,
Mais ils different bien entr'eux
D'ordre, d'état, é d'influence,
Les vns font voir sur les Mortels
De bons é de iustes effects,
Les autres qui nous font la guerre,
Sous vn éclat traître é serein,
Affligent bien souvent la Terre
De peste, de guerre, ou de faim.

 La Iustice est iuste de soy,

Mais ceux qui l'exercent different,
Les vns obscurcissent la Loy,
Les autres au rebours l'éclairent,
Les vns sont iustes é scauans,
Les autres du tout ignorans,
E dont les cerveaux sont si lâches,
E si legers en leurs effects
Que quiconque tombe en leurs bûches,
Il ne s'en dépêtre iamais.

  Aussi ne vay-ie pas blâmant
En general tous ses Ministres,
Nous blâmons ceux tant seulement
Dont les avis du tout sinistres,
Ne sont pas dignes d'être admis,
Dans le sacré lieu de Themis,
D'où l'on void naître des miracles,
E mille admirables Arrests,
Qui par la bouche des Oracles
Sont departis à vos suejts.

  Que plût à la faueur des Cieux
Que les suiets de nos outrages,
Fussent pledez deuant les yeux
De ces diuins Areopages,
Non deuant ces esprits brutaux,
Qui ialoux de nos saints travaux,
Nous sont autant d'âpres orties,
E qui bouffis de passions,
Se rendent iuges é parties
Dessus nos iustes actions.

Comme ces braves Cavaliers
Méprisant les rudes vallées,
Pour vuider leurs décords guerriers
Dans les campagnes signalées:
Les doctes chantres de Phebus
Quittent les Parquets pleins d'abus,
Pour finir leurs causes diverses,
Dans vn Senat plein d'équité,
Où l'on iuge les controverses
Auecques plus de gravité.

Voüs, ô mutins dénaturez,
Vous, qu'à bon droit ma Muse pince,
Et qui sans suiet conspirez
Contre l'Etat de vôtre Prince,
C'est vous, de qui i'espere en bref
Chanter la perte é le mechef,
Lorsque, de puissance absoluë,
Le Roy vous fera ressentir,
Après vôtre audace vaincuë,
Ce que vaut vn tard repentir.

N'esperez plus sur votre foy
De vaincre du Roy la clemence,
Iamais la clemence du Roy
N'aura de lieu pour vôtre offence:
Et si quelques fidelles pleurs,
Naissent de vos iniustes cueurs,
Ie croy (si ma Muse est Profète)
Que vous n'en auez plus besoin,
Que pour pleurer votre deffaite,

Dont l'effect n'eſt pas encor loin.
 Et quand vous ſeriez auſſi durs
Que ces rochers qui vous deffendent,
Nous verrons abbattre vos murs,
Malgré le ſecours qu'ils attendent.
Vos ſur-veillans tâchent en vain
De tromper ſon iuſte deſſein,
Sous tant d'appaſts é tant de ligues,
Il faut qu'en dépit des Anglois
Vous cediez, apres tant de brigues,
Sous la puiſſance de ſes Lois.
 Quels Turcs, quels Scythes, quels Gelons,
Quels Tyrans d'étranges Provinces,
Voudroient flatter les actions
De ceux qui trahiſſent leurs princes?
Et bien que l'Anglois ſeulement
Ait approuué leur iugement,
Le Ciel qui les Rois favoriſe,
Contre tels actes inhumains,
A t'il pas détruit l'entrepriſe
De ſes execrables deſſeins?
 Iadis, ſous vn pareil effort,
Nos Ayeux, dontans leurs audaces,
Feirent voir l'horreur de la mort
Deſſus leurs blémiſſantes faces:
Et leur montrerent bien qu'en vain
Ils n'étoient fils de ce Thebain,
Dont nôtre gloire fut iſſuë,
Lors qu'Alcide, auteur des Gaulois,

Vainquit à grands coùs de maſſuë
Les riuaux d'Oger le Dannois.
   Vous, qui d'vn ſi grand Roy vaſſaux,
Vous, qui viuez ſous ſa clemence,
Puis qu'en ſes genereux travaux
Gît tout le repos de la France,
Ou bien vous n'eſtes point François,
Ou bien vous devez cette fois,
Pour l'honneur de votre Patrie,
Reſoudre é riſquer tout à fait
Vòtre honneur, vos biens, vòtre vie,
Pour vn ſi ſenſible ſujet.

A MONSIEVR LE PREMIER PRESIDENT

Sur ſa bien-venuë à Rouen.

SONET.

Tv ſois le bien venu, digne Prince d'Aſtrée,
  Sur le Trône ſacré de ce grand Parlement,
Où ton frère diuin parut diuinement,
Comm'vn brillant Soleil par la voute azurée.
  Le Ciel fauoriſa le iour de ton entrée;
L'Egliſe offrit ſes vœus à ton avenement,
La Iuſtice à ſon tour te ſeruit d'ornement,
Et la ville honora ta preſence ſacrée.

Les Poëtes inspirez de tes saintes faveurs,
T'offrirent à l'enui mille sortes d'honneurs;
Et bien qu'entr'eux ie sois plus petit qu'vn Zachée,
 Ie grimperé si haut, dessus le double Mont,
Que ma Muse à la fin te sera moins cachée
Que les vers qu'ils t'ont fait, é que ceux qu'ils te font.

A MONSIEVR DE COVRVAVDON

President au Parlement de Normandie.

SONET PAR ALLVSION.

Esprit divin, dont la foy singuliere
Luit comm'vn astre au milieu de la Cour,
Qui fais revoir dans ce fameux seiour,
Du siecle d'or l'excellence premiere.
 Par ta prudence à nos vœus coutumiere,
Le trouble cesse, é la paix à son tour
Se montre belle, ainsi comm'vn beau iour,
Qui du Soleil emprunte sa lumiere.
 Comm'à nos yeux le iour semble plus beau,
Qui du Soleil possede le flambeau,
Puisque la Cour par ta vertu s'excite,
 Et que tu t'és par la Cour preualu,
La COVR-VAVT-DONC autant par ton merite
Que par la Cour ton merite a valu.

A MONSIEVR DE SAINCT AVBIN

Prefident au Parlement.

SONET.

Qve ne fui-ie infpiré de ta chere prefence,
 Pour dignement chanter, mon docte SAINCT AVBIN,
Ta gloire é ta vertu, dont l'eftre tout divin
Nous produit tant de fruits par fa douce influence.
 Ta gloire eft tout mon but, é rien plus ne m'offenfe,
Qu'vn effronté Munier, contraire à mon deftin,
Qui m'euft plaidé dix ans aupres de fon moulin,
Si ie n'euffe en la Cour euoqué mon inftance.
 Mecene de mes vers, Aftre de mon bon-heur,
Si Phebus n'eut iamais de refuge plus feur
Que les robbes de pourpre, é les doctes futanes,
 Fai taire ce Corbeau pour ouyr nos concertz;
Les procez, lez moulins, les muniers & les afnes,
Sont indignes des luts, des Mufes, é des vers.

A MONSIEVR

LE PRESIDENT DE BERNIERES.

L'on dit que l'homme de vertu
Qui viuement est combatu
D'erreur, d'ignorance é d'enuie,
Doit fermer la bouche é les yeux,
Pour priver de langue é de vie
Le fol, l'ignare, é l'envieux.

 Reduit sous ce glaive tranchant,
I'ay beau faire du chien couchant,
I'ay beau me resoudre au silence,
Beau faire l'aveugle é le sourd,
Si ne peux fuir l'insolence
Et la rigueur du tans qui court.

 Lors que pour fuir leurs abbois,
Ie me suis reclus dans les bois,
Ma fuitte causa leur poursuitte,
De mon repos vint leur travail,
E le suiet qui les incite
A me procurer tant de mal.

 Si le lut, la Muse, é les vers
Ne consoloient dans les deserts
L'ennuy qui mon esprit ruine,
A qui pourroi-ie avoir recours,

Qu'en la mort qui ſeule termine
Le ſoin qui travaille nos iours.

 Mais en fin parmy tant de bruit,
Qui ſuit ce bon heur qui me fuit,
La Muſe, le Lut, é le Livre,
En qui mon eſpoir i'auois mis,
Me quittent, é me laiſſent vivre
Au gré de tous mes ennemis.

BERNIERES eſt-ce pas pitié,
Qu'vn tans ſi plein de mauvaitié
Nous diffame dans nos loüanges
Qu'vn homme eſt chetif tout à fait,
Si fuyant le chemin des Anges
Il ne ſe rend Diable en effect?

 Mon cher Mecene c'eſt pourquoy
T'implorant i'eſpere chez toy
Trouuer mon port é mon refuge,
Contre vn fol qui, par attentat,
Me veut faire devant ſon Iuge
Perdre ma cauſe tout à plat,

 Puiſſe ce Iuge, âpre é cruel,
Qui retint malgré mon appel
Le iugement de nos inſtances,
Servir d'exemple quelque iour,
Pour donner de telles ſentences
Contre le pouvoir de la Cour.

A MONSIEVR DE BEAVMONT MALET

Confeiller au Parlement.

SONET.

QVE la vertu fied bien aux hommes de merite,
   Qui fur le bien public poffedent fa faveur.
Et dont l'heureux fucceʒ rend au Temple d'honneur,
Leur gloire pour iamais divinement écrite !
   Ainfi qu'en pleine nuit la belle Cryfolite,
Fait paroître l'éclat de fa vive fplendeur,
Ta prudence, ta foy, ta vertu, ta candeur,
Rendent du tans pervers l'ignorance détruite.
   BEAVMONT, s'il eft permis de parler librement,
Quel autre mieux que toy merite qu'à prefent
Ie chante ton merite où ma Mufe s'affure ?
   Puifque fous ta faveur, dont targué ie me voy,
I'efpere en peu de temps éviter la morfure
De tant d'efprits chancreux qui iappent contre moy.

A MONSIEVR DE BENNEVILLE

Conseiller au Parlement de Normandie.

SONET.

PVISQVE *Phebus vous plaît, puisque l'humeur vous porte,*
A conseruer l'honneur de ses doux favoris,
Ie serois, BENNEVILLE, *indigne d'vn tel prix,*
De vous priuer du fruit que sa faueur m'apporte.

   La Muse é la vertu sont d'vne mesme sorte,
L'vne a le vice en haine é l'enuie à mepris,
L'autre fuit l'ignorance, è les braues Esprits
Honorent d'Helicon la divine cohorte.

   Si parmi tant d'Esprits animez contre moy,
Ie ne vous rends icy l'honneur que ie vous doy,
Excusez mon devoir, blasmez leur insolence,

   Qui n'a rien si fâcheux que de voir la vertu
S'armer de la faueur d'vn homme d'excellence,
Pour rendre sous ses pieds son orgueil abbatu.

A MONSIEVR LE GVERCHOIS

Procureur general du Roy au Parlement de Rouen.

SONET.

Favt-il qu'en ce Concert mon lut ne puiſſe bruire
 L'honneur de tes vertus ſelon leurs dignitez,
Et que ma voix ne puiſſe en ces extremitez
Reciter en ces vers leurs beautez que i'admire?

Quel ſi docte Ecrivain, quel doux-coulant bien dire,
Peuvent bien figurer leurs rares qualitez,
Si rien que leurs effects pleins de divinitez
Ne peut iuſqu'à leur but dignement les conduire?

Iuſte é veillant Argus, ſur le bien de ton Roy,
Digne é fameux Atlas, ſous le faix de la Loy,
Puiſqu'vn fàcheux procez parmi tant de merueilles

Rend en ce beau deſſein mon eſprit indiſpos,
Ie dy, ſans rien flatter, que de tes iuſtes veilles
La Province reçoit ſon vnique repos.

VOEV POVR LE ROY

Contre l'Anglois refolu de prendre l'Ifle de Ré,
& trauerfer le fiege de la Rochelle.

SONET

Il eſt tans ou iamais, ô Dieu plein de clemence,
Que tu baiſſes l'aureille au ſon de ma clameur,
Il eſt tans, ô Seigneur, que ta iuſte vigueur
Diſſipe les efforts des ennemis de France.

De ta ſeule bonté dépend nôtre eſperance,
Nôtre ſalut ne gît qu'en ta ſeule faueur,
Par toy mon Prince regne & s'eſt rendu vainqueur
De ce monſtre perfide enflé d'outrecuidance.

Sauue, ô divin Perſée, encores à preſent
Ta fidelle Andromede, & fay qu'en vn moment
Ils cedent aux valeurs de ſon brave courage.

E ſi leur ſecte encor r'ameine ici l'Anglois
Fai qu'au lieu de ſurgir dans le port Rochelois
Il puiſſe au même port faire vn triſte naufrage.

A SA MAIESTE

SIRE, j'abuserois de vôtre Maiesté
Si, lisant de vos faicts l'admirable victoire,
Ie ne me prosternois aux pieds de votre gloire,
Pour vous sacrer les vœux de ma fidelité.
 Soit qu'on lise amplement toute l'Antiquite,
Soit que de nôtre tans l'on remarque l'Histoire,
L'on verra que iamais les filles de Memoire
N'ont rien chanté de tel à la Posterité.
 Grand Roy qui preferez le cueur de vos sujets
Aux prolixes discours de vos rares projets,
Puis qu'on sçait que du Ciel ces miracles procedent,
 En vain ie tacherois de les dire en ces vers,
Si les destins amis qui vos lauriers precedent,
Chanterent au feu Roi ces Mysteres divers.

A MONSIEVR LE CARDINAL

DE RICHELIEV.

DIGNE é sacré Typhis de la nef de l'Eglise,
E des conseils du Roy l'indicible Nestor,
Ta voix nous sert d'oracle, & ton œil de Castor
Pour guider ses desseins que la Muse eternise.

Ce pendant qu'à tes vœux le destin favorise
E que le Roi cherit ton conseil plus que l'or,
L'Anglois creve de rage é se repent encor
D'avoir suivi l'erreur de celuy de Soubise.

Puisse en bref ce grand Roi soumettre à sa valeur
Cette fiere Babel, ce monstre plein d'horreur,
Dont les traîtres desseins démentent la promesse,

Afin qu'ayant conquis cette Isle sous sa loi,
Tu puisse faire voir, en celebrant la Messe,
Les armes de l'Eglise en celles de mon Roi.

A MONSIEVR LE CONTE DE TREMES,

Gouuerneur pour le Roy de la ville & Chasteau de Caen.

SONET

SVRGEON de tant d'esprits de qui l'heureuse chance
Emprunte son bonheur des faveurs de nos Rois,
Qui chassant loin de nous toutes sortes d'effrois,
Releves du Public la debile esperance.

Le Roi sur tes travaux destine sa creance,
Et reglant de l'Estat le juste contre-poids,
Ta vertu qui n'agit qu'aux plus aspres détroits,
Entretient de nos iours l'heureuse concordance.

Pour bien dire ta gloire, où gît tout mon recours,
Ie voudrois la faveur de tes rares discours,
Qui, ravissant nos cueurs sous l'appât de leurs charmes,
   Servent à nos malheurs d'vn si doux appareil,
Que tout ce qui resiste à la force des armes
Se dissipe aux rayons de ton brave conseil.

A MONSIEVR DE SAINCT AVBIN,

Conseiller du Roy, President au Parlement de Normandie.

Asyle sacré de mes vœux,
Sainct Avbin de qui nos Neveux
Ont vne creance asseurée
Que ton heur é ta gloire encor
Feront dans leur aage ferrée
Renaître l'heur du Siecle d'or.
  Bien que mes vers audacieux
Destinent leur vol jusqu'aux cieux
De ton merite incomparable,
Ie ne crain la rigueur du sort,
Pourveu que ton œil favorable
Deigne briller sur leur effort.
  Comme les celestes flambeaux
Cherissent les Aigles nouveaux,
Qui iusqu'au Soleil s'avanturent,

Bel Astre ainsi, comme ie croy,
Tu prendras ces vers qui t'adiurent
D'avoir quelque souci de moi.

Sans ton pouvoir ie ne peux rien,
Ta faveur soutient mon soutien,
Mon espoir ne gît qu'en ta gloire,
Que ie possede en ton accez,
D'où, i'atten la iuste victoire
Et la fin de tous mes procez.

Ta vertu qui brille en la Cour,
Comme vn beau Soleil en plein jour,
Lors qu'au conseil elle procede,
Rend de si iustes actions,
Que iamais son fruit ne succede
Qu'au gré de nos affections.

Comme vn Pilotte bien accort
Fait sur les flots, non dans le port,
Parètre sa rare excellence,
Ton esprit de soins combattu,
Cherche au travail non au silence
L'honeur de sa belle vertu.

De moy qui iustement plaintif
D'vn Iuge insolemment actif,
Espere les sacrés premices
De tes équitables faveurs,
Quels assez dignes sacrifices
Voüré je à tes rares honneurs?

Puissé je combler desormais
Le Ciel de vœux & de souhaits,

Afin qu'en dépit de l'envie
(Qui pourſuit l'homme vertueux)
Tu puiſſes d'vn ſiecle de vie
Prolonger tes iours bien heureux.

A MONSIEVR DE GRIMONVILLE

Préſident au Parlement de Normandie.

SONET

Povr orner le Tableau de ce Concert de Muſes
   Et rendre ſon merite en ſa perfection,
Ie veux ſous la faveur d'vn plus docte crayon,
L'enrichir des couleurs de tes graces infuſes.
   Leur favorable aſpect me fournira d'excuſes,
Si n'en pouvant ſortir qu'en ma confuſion,
Mon eſprit ſe tranſporte en la deſcription
De cette belle charge où divin tu t'amuſes.
   Si, flottant ſur les flots d'vne mer de proceʒ,
Ie peux ſurgir au port de ton heureux acceʒ,
Pour t'y ſacrer le fruit d'vne heureuſe victoire :
   Mon Lut bruira ſi haut tes rares qualiteʒ,
Que les plus ſourds eſprits, au recit de ta gloire,
Seront d'étonnement tout par tout tranſporteʒ.

A MONSIEVR DES YVETEAVX

Conseiller du Roy en ses Conseils d'Estat
& privé, Abbé du Val, &c.

Mon cher Des-Yveteavx, *si j'avois l'asseurance*
D'exposer ton merite aux yeux de l'Vnivers,
Ie dirois que les Cieux te furent tous ouvers,
Lors qu'en cet element tu puisas ta naissance.

Pallas en ton cerveau resigna sa prudence,
La Muse orna ton chef de cent lauriers divers,
Les Princes é les Rois se mirent dans tes vers,
Come au crystal plus vif d'vne divine essence.

Quel plus profond Homere a mieux traitté que toi
Ce bien heureux sujet qui commença le Roi
Sur les premiers motifs de ses iustes armées?

Et quel plus seur moyen pouvoit-il souhaiter
Pour joindre ses lauriers aux palmes Idumées,
Et s'asseoir come Alcide aupres de Iupiter?

A MONSIEVR DE BRINON

Conseiller au Parlement de Rouen.

Bel *esprit que le Ciel a comblé de merveilles*
Pour servir d'ornement à la Postérité,
Que n'ay ie maintenant ce bon-heur merité

De chanter dignement tes vertus nompareilles
 Le bruit de tes vertus étone nos aureilles,
Ton bien dire, ton heur, ta douceur, ta bonté,
Font que j'ofe en depit de ma temerité
Sacrer à tes Autels l'humble fruit de mes veilles.

 Si Ronfard de fon tans honora tes Ayeux,
Ie veux durant ce fiecle élever jufqu'aux Cieux
Tes rares qualitez, où gît mon exercice.

 De les dire à prefent, DE BRINON, *ie ne puis,*
Iufqu'à ce que la Cour, par fa jufte Iuftice,
Ait ma Mufe affranchi du procez où ie fuis.

A MONSIEVR DE SAINCT SVLPICE

Confeiller en Parlement.

MOECENE *de mes vers, chere part de ma vie,*
 Vnique heur de moi même, Aftre de mon bon heur,
Quels vers, quels dignes vœux voüré je à ton honeur,
Puis que de ton accez ma fortune eft fuiuie?

 Puiffé je pour iamais voir mon ame affervie
Sous le Solftice heureux de ta chere faveur,
Puiffes-tu toujours vivre au milieu de mon cueur,
Malgré la mort, le tans, la fortune é l'envie.

 Soit que Phebus fe leve ou qu'il s'aille couchant,
Ie fonge à tes faveurs que ie vai recerchant,
D'vne ardeur qui iamais ne fera corrompuë.

Iamais plus bel objet ne logera chés moi,
Et tant plus que le sort m'éloigne de ta veuë,
Tant plus mon cher COSTÉ, ie m'approche de toi.

A MESSIEVRS LES GENS DV ROY

au Parlement de Normandie.

INDICIBLES esprits, dont la docte eloquence
Charme insensiblement nos ames é nos cueurs,
Quel bien-dire suffit, pour chanter vos honeurs?
Quels honeurs peut on rendre à votre bien-disance?
Nôtre heur vient de vos soins, vôtre grave prudence,
Détruit de nos Titans les paniques terreurs,
Vos travaux nous font naître vn doux printans de fleurs,
Qui de ce grand Senat embellit l'excellence.
Que si mon Lut captif ne peut parler plus haut,
Excusez le procez qui cause mon deffaut,
Pour accuser vn fleau, qui, sous le nom d'vn Moine,
Ialoux de mon repos, non content de son bien,
Veut (pendant que je vy sur mon cher patrimoine)
Approprier mon propre à l'impropre du sien.

FIN DE L'ENTRETIEN DES MVSES

REMERCIMENT A MESSIEVRS DE LA COVR

Sur le gain d'vne caufe.

Pvisqve *fous vos faveurs, i'ai gaigné la victoire,*
Puifqu'en faveur des Vers i'ai vaincu mes vainqueurs :
Quels vœux voûré-je au Ciel de vos iuftes faveurs
D'où ma Mufe entretient le flambeau de fa gloire ?
  SENAT, dont les Dieux méme honorent la memoire,
Aftres dont les effects dònent vie à nos cueurs,
Puiffé-je dignement celebrer vos honeurs
Dignes, non d'vn Sonet, mais d'vne pleine hiftoire.
  Sans vous, divins Efprits, qui m'auez deffendu,
Ma Mufe étoit détruite é tout mon bien perdu,
Sous l'avare rigueur de la Viroife pince,
  Dont il vous plut caffer l'iniufte Iugement,
Lors qu'ayant obtenu des lettres de mon Prince,
I'évoqué mon inftance en ce grand Parlement.

SVITE DE L'ENTRETIEN

DES MUSES

A MONSIEVR DE SAINT CLER-TVRGOT

Conseiller du Roy
en ses Conseil d'Etat & Priué, Maistre des Requestes
de l'Hôtel du Roy, intendant de la Iustice
& Police en Normandie, &c.

SONET.

IVSTE & puissant Atlas sous le faix des af-
  faires,
E qui, soigneux Argus sur le bien de ton
  Roi,
Dissipes de l'Etat toutes sortes d'effroi,
Par les graves effects de tes soins salutaires.
 Ta prudence n'agit qu'aux travaux ordinaires,
Dont ce Prince divin se repose sur toi,

Pour reprimer l'audace, é ranger sous sa Loi
Ceux qui du Bien public se rendent adversaires.
 D'exprimer tes hôneurs, c'èt vouloir enfermer
Dans vn simple vaisseau tous les flots de la Mer,
Puisque de l'infini leurs qualitez procedent :
 Mais ainsi que les Dieux n'estiment que nos cueurs
Il suffit qu'en ces vers mes justes vœux succedent,
Non selon tes vertus, mais selon tes faveurs.

A MESSIEVRS

DV SIEGE PRESIDIAL DE CAEN.

SONET.

CRAIGNANT d'importuner ce lieu que ie respecte,
I'ai loin de ce barreau, poursuivi mon procez,
Ayant depuis connu l'humeur de vos accez,
Ie me suis repenti de l'erreur que i'ai faite.
 De vos iustes Arrêts, que l'homme iuste appette,
L'on ne peut esperer qu'vn bien-heureux succez :
E celuy, qui plaideur, ne se plaît qu'aux excez,
N'eut iamais en ce lieu le fruit qu'il y souhaitte.
 Esprits, dont l'équité fait son riche butin,
Non pour vos qualitez, mais pour le fruit divin
Dont le Public reçoit la moisson liberale,

Si ma Muse iamais merita vos faueurs,
Retirez mon Esprit de ce Virois Dedale,
Qui m'empesche d'ateindre' au Ciel de vos honeurs.

A MONSIEVR

DE LA FRESNAYE VAVQVELIN

Prefident au Bailliage & Siège Préfidial de Çaen,
é Maître des Requeftes de l'Hoftel de la Reine.

ODE.

Vnique appui des juftes vœux
   Que i'addreffe au Ciel de ta gloire
Lors que fous ta faveur ie veux
Sacrer ton Nom à la Memoire :
Puis que mon fort depend de toi,
Mon cher Mæcéne excufe moi,
Si ma Mufe t'èt importune,
E fi mon Lut ne ceffe pas
De chanter l'heur de ta fortune,
Qui dans le Ciel guide tes pas.

   Bien que ton Nom qui m'èt fi cher,
Merite la faveur des Anges,
Ie ne crain iamais de broncher
Dans le recit de tes loüanges.

D'vn ſuiet ſi rare é ſi beau
Phœbus anime le flambeau
De l'entrepriſe que i'ai faite,
Puiſqu'vne ſi rare action
Doit rendre ma Muſe imparfaite,
Parfaite en l'imperfection.
 Comme vn arbre ne rend ſon fruit
Que pour l'yſage de ſon maitre,
Qui l'entretient, qui le norrit,
Qui dans ſon iardin le feit naitre,
Ayant norri ſous ta faveur
Mon Lut qui vante ton bon-heur,
Que le Ciel comble de merveilles :
VAVQVELIN, t'émerveilles-tu
Si i'offre le fruit de mes veilles
Au jour de tabelle vertu ?
 Tes Ayeux cheris de nos Rois,
Dans les Palais, dans les allarmes,
Furent jadis l'honneur des Loix,
E toute la gloire des armes,
E dont les rares qualitez
En depit des fatalitez
Revivent en l'heur de ta vie,
Qui franche des loix d'Atropos,
Fait ſur le trouble de l'envie
Naitre ſa gloire é ſon repos.
 Châque eſprit ſuit ſon élement,
L'ignorant ſuit l'home d'étude,
Le Poëte ſuit l'home ſçauant,

E s'aime dans la solitude,
E comme les flots sont ouvers
Aux accez des fleuves diuers
Qui leur vont rendant des homages :
Ta vertu qui les Vers cherit
Reçoit les vœux é les ouvrages
De ceux que la Muse norrit.
　Ceux qui prisent les beaux Esprits,
Sont ceux qui méprisent les vices,
E qui d'Apollon sont instruits
Au Paradis de ses delices :
Iamais vn Esprit revétu
Du vif éclat de la vertu
Ne préfere à l'honneur des Muses
Le fard de cét âge d'acier,
Qui dans les vanitez confuses
Fait d'vn Busard vn Eperuier.

A MONSIEVR DES YVETEAVX

Lieutenant Général au Bailliage de Caen.

SONET.

SANS amuser mon Lut au recit de ta gloire,
　E sans perdre le tans à vanter tes Ayeux :
Il suffit, mon Mæcéne, il suffit que les Dieux
Dans leur Temple éternel, s'en reseruent l'histoire.

 Les Mortels sur la terre honorent ta mémoire,
Les Anges vont chantant ton renom dans les Cieux,
E ta vertu qui vainc les Esprits vicieux,
Fait que le vice méme honore ta victoire.
 Ayant de ta bonté ressenti les effets,
I'estimerois du tout mes écrits imparfaits,
Si, taisant de ton Nom la gloire renaissante,
 Ie ne faisois parêtre à la Posterité
Que Vire m'eût perdu, sans ta voix, qui puissante,
Me sauva de ses mains sous ta juste équité.

A MONSIEVR LE CLERC

Conseiller au Présidial de Caen.

SONET.

LE CLERC puisqu'en naissant la Muse t'inspira,
 Puisque d'elle inspiré, ton Esprit qui m'inspire,
Professe par sur tous l'ysage du bien-dire,
Qui sur le double Mont le chemin te montra,
 Iamais le cours du tans ton los n'effacera,
E ma plume ne peût se contenter d'écrire
Ta prudence, ta foy, ta bonté que i'admire,
E ton Nom que iamais ma Muse n'oubliera.
 Puisse-tu m'exemter de tant d'apres sang-suës,

Qui pour mé devorer de Vire ètans iſſuës,
M'ont forcé de quitter le métier de Phébus.

 E qui me priueront de mon cher Patrimoine,
Si ce Siége fameux, corrigeant leurs abbus,
Ne rétraint leurs ardeurs ſous ſa voix ſouveraine.

A MONSIEVR DE ROTOT

Conſeiller au Préſidial de Caen.

SONET.

Si durant mon Auril, i'eu bien cette aſſeurance
D'auanturer mes Vers au Ciel de tes faueurs,
Si ta main pour des fruits, n'en reçeut que des fleurs,
Qui d'vn meilleur ſucceʓ te dôna l'eſperance.

 Maintenant que le Ciel m'a dôné cette chance
De mieux chanter ta gloire, é tes rares hôneurs,
Mon Autonne rendra le fruit de mes labeurs
Plus dignes de ton Nom, é de ta bien-veillance.

 T'offrant en peu de vers mon cueur pour juſte don,
Ie n'eſpere du tien vn plus digne guerdon
Que de m'entretenir en tes faveurs premieres,

 Afin que poſſedant vn ſi fidele appui,
Ie puiſſe diſſiper ces Hydres carnaſſieres
Qui ne reſpirent rien que la perte d'autrui.

A MONSIEVR DV MESNIL PATRI

Conseiller au Présidial de Caen.

SONET.

Toi qui conois l'humeur de ces Esprits de Vire,
Où ton Esprit apprît les ruses du procez,
Pardone à ma doleur si ie sui ton accez,
Pour t'exprimer l'ennui qui me force d'écrire.

E bien qu'en me pleignant, mes pleurs te fassent rire,
I'espere ayant appris de quel triste succez
I'ai consumé mes iours en ce lieu plein d'excez,
Que ta bonté prendra pitié de mon martyre.

M'enuoyant sans dépens, ils ne m'adiugent rien,
Puisqu'en les poursuiuant aux dépens de mon Bien,
Chaque sold que i'atten me coûte deux pistoles.

E sans quelques Esprits qui chérissent Phébus,
Que i'y payé d'espoir, de Vers, & de paroles,
Ie serois plus chetif que le Poëte Codrus.

FIN DE LA SVITE DE L'ENTRETIEN
DES MVSES.

NOTES

P. 5, v. 6. *Typhis*. Pilote du navire *Argo*, qui conduisit les Argonautes à la conquête de la Toison-d'Or. L'auteur compare à plusieurs reprises de grands personnages à ce Typhis.

P. 28, v. 11. *Ame*, qui termine ce vers, ne rime point avec *grâce*.

P. 41, v. 17. Pyralide, animal fabuleux, ayant, comme la salamandre, la propriété de vivre dans le feu.

P. 45, v. 1. Chaque fois que l'auteur nomme le Roi, c'est de Louis XIII qu'il s'agit.

P. 50, v. 6. Louis XIII fit son entrée à Rouen le vendredi 10 juillet 1620. — La veille, Bauquemare Dumesnil, commandant du Vieil-Palais, forteresse qui défendait Rouen au sud-ouest, en aval de la Seine, avait quitté la place. — Le Roi alla le 11 au Parlement, où le garde des sceaux lui fit une harangue, dirigée surtout contre Marie de Médicis, alors retirée à Angers, & contre le duc de Longueville. Le garde des sceaux Du Vair prononça ensuite, au nom du Roi, contre le duc de Longueville, le président du Bourgtheroulde & le lieutenant général de Saint-Aubin, l'interdiction de leurs charges. Extrait de l'introduction au voyage du Roi en Normandie (Paris, Fleury Bourriquant), réédité par M. A. Canel, pour la Société des Bibliophiles normands.

P. 51, v. 5. Les hiftoriens ont conftaté qu'à cette époque le Roi trouva plus d'appui dans le peuple que dans la nobleffe de Normandie.

P. 53, v. 9. Le 15 août 1620, mercredi. — Le Roy part d'Efouyville à onze heures & demie ; en venant reconnoit la place du château de Caen ; conduit particulièrement par M. le Prince de Condé & M. de Luynes. — A trois heures il arrive à Caen & tient confeil ; fait fommer le château par le fieur Galeteau, conduit par un trompette. Le 17, vendredi. Le château fe rend. Il leur envoie le marquis de Mouy & M. de Créquy leur donner abolition.
Le 18, famedi. — Il va au château, où il vifite tout & partout, jufqu'aux plus petites chofes.
Journal d'Heroard, publié par Eudore Soulié & Ed. de Barthelemy, t. II, p. 247.

P. 56, v. 25. Ce collége des Jéfuites eft fans doute le féminaire de Joyeufe, fondé à Rouen en 1616, en vertu du tèftament du cardinal de Rohan, archevêque de Normandie.

P. 63, v. 11 & 12. Ces deux vers font répétés aux lignes 26 & 27 de la page 64.

P. 64, v. 9. Griffon eft le nom de l'avocat dans la Nouvelle Tragicomique du capitaine Lafphrife. — Il eft probable qu'Angot a voulu y faire allufion.

P. 75, v. 27. Doit-on lire matrône ou macrône, ce qui voudrait dire : qui dure longtemps! — J'ai dû préférer la leçon de l'original.

P. 75, v. 28. Le double valait deux deniers, la fixième partie d'un fou.

P. 76, v. 17. Angot, dans fon *Prélude Poétique*, a confacré fon ode IX à la chapelle du Cornu. Il poſſédait des propriétés dans les environs. Il décrit cette chapelle comme étant bâtie dans un ſite pittoreſque, ſur une hauteur d'où on aperçoit Alençon, Vire & le Maine. Celle qu'il a chantée ſous le nom d'Erice demeurait dans le voiſinage. Cette chapelle, qui exiſte encore, eſt ſituée dans la commune de Montchauvet, ſur les limites des communes de Laſſy & de La Bruyère-au-Cornu. — Voir une citation de Malherbe, dans la notice ſur R. Angot.

P. 76, v. 19. La Croix-Mont-Haut pourrait être cette chapelle vénérée, connue ſous le nom de l'Ermitage, ſituée dans la forêt même de Saint Sever, & où les paroiſſes environnantes ſe rendent proceſſionnellement une fois par an, afin d'implorer, contre la fièvre, la protection de ſainte Geneviève.

P. 85, v. 2. Jean Farine étoit un farceur du temps de François Ier. Il s'appeloit, de ſon vrai nom, Jean de Serre. — Robert Guérin, dit Gros-Guillaume, était auſſi ſurnommé l'*Enfariné*. — C'eſt peut-être ce dernier que R. Angot entend déſigner.

P. 100, v. 5. Saint Yves, official de Tréguier en Bretagne, né en 1253, à Kermartin, mort en 1303, fut ſurnommé l'avocat des pauvres. — Canoniſé en 1347, il devint le patron des avocats. — Dans ſa proſe, aux anciens bréviaires de Rennes & de Vannes, on liſait ces vers :

Sanctus Yvo erat Brito,
Advocatus & non latro,
Res miranda populo.

P. 103, v. 8. Saint Symphorien, martyr, était d'Autun. Il y a en Normandie deux ou trois villages de ce nom. Le peuple l'appelle ſaint Syphorien & ne trouve bon, sans doute, de l'invoquer que quand on n'a besoin de rien : *s'il ne faut rien.*

P. 108, v. 12. Le texte original porte le mot *pucelage.* C'est évidemment *mariage* qu'il fallait.

P. 110. . . . La signature Damoiselle F. D. B. désigne Mlle Foligny de Bordes, dont l'épitaphe se trouve plus loin.

P. 112, v. 10. Les mots : *nuit & jour* se trouvant deux fois à la rime, devraient être remplacés par : *tour à tour* à la seconde fois.

P. 116. . . . Les sonnets que renferme cette page sont adressés à son ami Dimier ; c'est probablement Pierre de Deimier, Provençal ; car il a écrit à cette même époque des vers à la louange de Sonnet de Courval.

P. 119, v. 7. Il y a aussi un écho feuillet 45 du Prélude Poétique. Angot n'en a conservé que deux vers.

P. 120. v. 16. Il faut lire : *Soit le jouet de votre âme.*

P. 131, v. 1. *La Muse* est prise dans le sens de l'assemblée des Muses. L'auteur dit ensuite : *Leurs chansons.* Cette construction est à la fois vicieuse & singulière.

Vauquelin de La Fresnaie, le poète, étant mort en 1607, il est peu probable que ce sonnet lui soit adressé. Il le serait alors à Guillaume Vauquelin, son troisième fils, qui avait racheté de Nicolas des Yveteaux la lieutenance générale au baillage de Caen.

P. 132, v. 10. Le prince de Condé (Henri II de Bourbon), fut arrêté le jeudi 1er septembre 1616, sur les onze heures, comme il sortoit du Conseil, par M. de Themines, en la chambre de la Reine mère. Il continuoit ses menées & menaçoit de prendre les armes. Arnauld d'Andilly a consigné tous les détails de cette arrestation pages 194 & 195 de son Journal. Il fut mis d'abord à la Bastille, puis transféré, le 15 novembre, à Vincennes, avec la princeffe fa femme. Ils en fortirent le dimanche 20 décembre & furent menés à Chantilly, où ils demandèrent pardon au Roi. (Journal d'Heroard. T. II, paffim.)

P. 136, v. 4. Ces vers font antérieurs à 1628, date de la mort de Malherbe.

P. 138. . . . L'édition des Commentaires fur la coutume de Normandie, où ces vers font inférés, eft, je crois, celle de Jofias Barault, Rouen, Raphaël du Petit-Val, 1606, in-4°.

P. 149. . . . Cette charmante idylle, que les uns attribuent à Bion, les autres à Mofchus, a été imitée par plufieurs poètes de la Renaiffance, par Ronfard, entre autres, fous le titre de l'Amour oifeau. (Œuvres de Ronfard, Paris, Franck, 1867, 8 vol. in-16, t. I, p. 434.) La comparaifon, curieufe à faire, n'eft pas toute au défavantage d'Angot.

P. 155, v. 10. Les larmes fur la mort de Henri IV, par la princeffe de Rohan, ont été inférées dans le Recueil de diverfes poéfies fur le trefpas de Henry le Grand, très-chreftien Roy de France & de Navare, & fur le facre & couronnement de Louis XIII, fon fucceffeur, dédié à la Royne, mère du Roy, par Guill. Du Peyrat, aumofnier fervant du Roy. Paris, Rob. Eftienne, 1611, in-4°. — M. Edouard Tricotel parle en détail de ce Recueil & a inféré une partie des vers d'Anne de Rohan dans fes Variétés Bibliographiques. Paris, Gay, 1863, in-12.

P. 156, v. 12. La forêt de Saint-Sever eft fituée dans la commune de ce nom. On la traverfe en allant d'Avranches à Caen. Elle eft fituée à environ trois lieues de Vire.

P. 159, v. 8. Il y a *Reveil* dans l'original. Le fens demande *Recueil*.

P. 162, v. 12. Le sonnet sur le c.l d'une demoiselle est à comparer avec le sonnet de Ronsard : Petit nombril, t. I, p. 391. Les vers de Voiture, sur une demoiselle dont la jupe s'étoit retroussée, ont aussi quelque rapport avec ce sonnet.

P. 163, v. 3. Il y a *prendre* dans l'original ; j'ai dû mettre *rendre*.

P. 165, v. 7. Herpinot, chanteur populaire qui se faisoit entendre dans les foires.

P. 166, v. 25. Cessant qu'elles sont : Hormis qu'elles sont.

P. 175, v. 1. Robec est une petite rivière qui traverse Rouen du nord-est au sud. Les tanneurs & les teinturiers y font leurs lavages. Elle est toujours sale & puante. La rue Eau de Robec, dont elle baigne tout un côté & dont elle occupe la moitié, est garnie d'une foule de petits ponts qui donnent accès aux maisons riveraines. C'est une des curiosités de la ville. Autrefois elle était habitée par de riches négociants ; elle n'abrite plus que des revendeurs & des marchands de bric-à-brac.

P. 176, v. 3. Jodelet, ce farceur célèbre pour qui Scaron a écrit des comédies, s'appelait Joffrin & eut pour fils le prédicateur Feuillant, Jérôme Joffrin.

La manière dont Angot écrit Jo-de-let donne à ce mot une signification particulière en patois normand. Il veut dire : Coq-de-lit. Jodelet eût-il été capable de ce travail d'Hercule, qui épousa dans une seule nuit les cinquante filles de Thespie & en eut cinquante fils !

P. 179, v. 2. *Qui me regarde il en voit deux.* C'est, je crois, une inscription qui figure sous le portrait de Jodelet ou de Tabarin.

P. 179, v. 19. Claquedent est un des Satellites de Pilate, dans le Mystère de la Passion.

P. 180, v. 4. Angot ne veut pas dire que la femme dont il parle est abbesse, mais qu'elle est la maîtresse d'un abbé.

P. 180, v. 16. J'ai suppléé ce vers, qui manque dans l'édition originale.

P. 183, v. 4 & 6. *Trompent* & *rencontrent* ne riment point.
Le Brun a fait une épigramme sur le même sujet :

> Une bossue aime un bossu
> Amoureux de la Peronelle.
> Si le Bossu n'est pas cocu,
> Il en naîtra Polichinelle.

P. 186, v. 15. Les vers de Jean Second : *Dicite Grammatici*, &c., ont été déjà imités par Angot, dans son *Prélude Poétique*. Sa seconde traduction est préférable à la première.

P. 189, v. 14. Myron, célèbre statuaire grec, avait sculpté une vache que les poètes de l'Anthologie ont célébrée à l'envi.

P. 190, v. 1. L'Eschange d'amour n'est qu'une paraphrase de l'épigramme de Saint-Gelays :

> Un jour que Madame dormoit...

Voyez page 68 de l'édition de 1719, in-12. Le texte vaut mieux que la glose.

P. 207. . . . L'édition originale porte à tort 1601 & 1602. C'est 1621 & 1622 qu'il faut lire.

P. 209, v. 25. Il s'agit sans doute de quelque émotion fomentée aux environs de Nantes, par Benjamin de Rohan-Soubise, qui soulevoit en 1621 les provinces de l'ouest.

P. 212, v. 18. En 1622, le comte de Soissons, âgé de 18 ans, fut chargé de bloquer La Rochelle du côté de la terre. Il y montra beaucoup de courage & d'intelligence de la guerre.

P. 212, v. 19. La fable des Chats & des Rats n'a point été mise en vers par La Fontaine. Robert Angot, dans son *Prélude Poétique*, a imité d'Horace la fable le Rat de ville & le Rat des champs, que le bonhomme a si joliment troussée.

P. 222, v. 10. Pour que la phrafe fût correcte, il eût fallu ecrire: *Me perdroit*.

P. 237. . . . C'eft l'épitaphe de l'auteur. Les lettres R. A. S. D. L. font les initiales de Robert Angot, fieur de Lefperonnière.

P. 242, v. 1. Pour que la phrafe fût correcte, il faudrait : Que lui *font* les humains.

P. 259, v. 23. *Mortels* ne rime point avec *effects*. Angot prononçoit peut-être *mortès*.

P. 262, v. 2. Allufion au fiége de La Rochelle, qui fut prife feulement le 29 octobre 1628.

P. 262, v. 29. Parmi les Hercules fabuleux, on en compte un Gaulois, connu auffi fous le nom d'Ogmios. Angot veut-il dire qu'Oger le Danois eut à faire aux rivaux les plus terribles &, en fe faifant religieux, vainquit les démons comme Hercule avait vaincu les monftres.

P. 264, v. 3. Zachée, le péager de Jéricho, à caufe de fa petite taille, ne pouvant apercevoir Jéfus, monta fur un fycomore, où celui-ci l'ayant aperçu l'appela & lui demanda d'être fon hôte. Voyez faint Luc, chap. XIX.

P. 271, v. 1. Le 15 feptembre 1625, la flotille calvinifte fut bloquée dans l'île de Rhé. Soubife en laiffa le commandement à Guiton & fe rendit dans l'île pour empêcher le débarquement des troupes royales. Il fut complètement défait, bien qu'il fe fût conduit en bon capitaine & en vaillant foldat.

P. 273, v. 4. Louis XIII fit en perfonne le fiége de Saint-Jean-d'Angély. Le feu contre la place fut ouvert le mercredi 23 juillet 1621, à fix heures du matin. Le roi, l'épée à la main, marchait de fang froid fous les batteries de la place. A côté de lui le baron de Palluau fut bleffé à la tête & de Carbonnier, fon beau-frère, fut tué. Soubife vint le

25, dans l'après-midi, fe jeter aux pieds du Roi, qui, lui pofant la main fur l'épaule, lui dit : « Je ferai bien aife que dorénavant vous me donniez lieu d'être plus fatisfait de vous. Levez-vous & me fervez mieux déformais. »

Soubife néanmoins recommença bientôt la guerre, prit part à la défenfe de La Rochelle, raffembla une flotte, s'empara de l'île de Rhé, d'où il fût bientôt chaffé, & finit par mourir en Angleterre.

P. 279, v. 4. Les gens du Roi, où le Parquet, étaient les avocats & procureurs généraux dans les Cours fouveraines, ou fimplement les avocats & procureurs du Roi dans les fiéges inférieurs.

P. 281, v. 1 Il y a quelque reffemblance dans le début de ce fonnet avec celui qui eft adreffé, page 71, à M. de Mony.

P. 288, v. 14. Le poète Codrus eft cet auteur de la Théféide, dont Perfe fe plaint dans le prologue de fes Satyres :

Vexatus toties rauci Thefeïde Codri.

TABLE

DES PERSONNES ET DES LOCALITÉS

mentionnées par R. ANGOT

Arlus (d') poète. P. 236.

Anfernet (d'), voyez Danfernet.

Aumesnil (Marie d'). P. 140. 141.

Beaumont-Malet (de), Confeiller en Parlement. P. 268.

Belot (Jean), curé de Milmont, auteur d'un ouvrage fur les Sciences Hermétiques. P. 194.

Benneville (Guillaume de), Confeiller au Parlement de Normandie. P. 269.

Bernières (Charles Maignard de), Confeiller du Roi, Préfident au Parlement de Normandie, mort le 10 mars 1632. P. 228, 266.

Beuvron (la marquife de). P. 112.

Bordes (de), gentilh. normand, Sr de la Colombe, époux de Gillette de Foligny. (V. F. de B., plus loin.) P. 89.

Bourget. (V. Chaulieu.)

BRINON (Pierre de), S' du Vaudichon & de Meullers, Conseiller au Parlement de Rouen, descendant de Jean Brinon, Conseiller au Parlement de Paris & ami de Ronsard. Il étoit poète lui-même. M. Pelay, de Rouen, possède un ouvrage de lui, intitulé les Sept Pseaumes pœnitentiels de David, avec l'*exaudiat* pour le Roy & quelques Hymnes & antiennes à l'honneur de la Vierge Mère de Dieu. Mis en vers français par Pierre Brinon, Seign. de Meullers & du Vaudichon, &c. — Rouen, J. Osmont, 1621, in-4° de 28 pages, plus l'approbation. P. 277.

CAEN. P. 5, 53, 66, 71, 143.

CHAPELLE AU CORNU. P. 76. (Voir dans les notes du texte et dans la Vie d'Angot.)

CHAULIEU-BOURGET (de), Conseiller du Roi au Parlement de Normandie. P. 80, 134.

C'est, je crois, le même que Guillaume Anfrie, S' de Chaulieu, Conseiller du Roi en sa Cour de Parlement de Rouen & Commissaire aux requêtes audit lieu, à qui Sonnet de Courval a dédié sa Défense apologétique en prose.

CLERAC (Siége & prise de). P. 214.

CONDÉ (le Prince de). P. 132.

CONDÉ (la Princesse de). P. 111.

COURVAL (Thomas Sonnet de). Médecin & poète satyrique. P. 127, 139, 154, 155, 170.

COURVAUDON (Gilles Anzeray, sieur de). Président au Parlement de Normandie, mort le 26 janvier 1629. P. 263.

Danfernet, Sr de Monchauvet, Conseiller en la Cour de Parlement de Rennes. P. 227, 234.

Dimier. Probablement Pierre de Deimier, poète provençal, qui adressa des vers à Sonnet de Courval. P. 116.

Erice. Amante poétique de R. Angot. Elle s'appelait Erice de Bonsossard & mourut toute jeune avant 1603. P. 129.

Etry (d'). P. 137.

Faucon de Ris (Alexandre de). Premier Président du Parlement de Normandie, mort en 1628. P. 252.

Faucon de Ris (Charles) & de Frainville. Premier Président, en 1628, après la mort de son frère Alexandre. Il mourut lui-même en 1644. Son fils Jean-Louis Faucon de Ris, Sr de Charleval, fut connu par son esprit et la grâce de ses vers, sous le nom de Charleval. P. 252.

F. D. B. (Foligny de Bordes) Mademoiselle. Elle s'appelait Gilette de Foligny. — Elle épousa un Sr de Bordes de la Columbe, protestant qui se fit catholique en se mariant. Elle eut des enfants & mourut avant 1637. P. 110, 244.

Forest (Mme de La), mère de M. De Gast. P. 239.

Gast (Jean-Baptiste du) de Vassi. Servit sous Henri III, à Calais, à Dieppe, à Paris & ailleurs. Il fut tué en trahison d'un coup de pistolet, comme il sortoit de l'église.

Sonnet de Courval a écrit son éloge funèbre en 58 stances, &c. P. 239, 242, 251.

Le Gaft eft près de Mortrée, dans le département de l'Orne. Il y a aujourd'hui une verrerie au Gaft.

GREMONVILLE (Raoul Bretel, S' de) fils de Louis Bretel, était Conseiller au Parlement quand il succéda, dans la charge de Président, à Nicolas Thomas, S' du Verdun, le 4 avril 1622. P. 276.

GUERCHOIS (Pierre le). Procureur général du Roi au Parlement de Rouen. P. 270.

HALLEY (Guillaume), S' de Halley & de Vaudery. P. 159.

HALLEY (du). Avocat général en la Cour des Aides, à Paris. P. 135.

HAMEAUX (des). Conseiller du Roi, premier Président en sa Cour des Aides, en Normandie. P. 3.

HENRI IV. P. 48, 52.

HERMIER. Conseiller au Présidial de Caen. Il était poète. P. 246.

JÉSUITES (collége des). P. 56.

JODELET. Farceur célèbre pour qui Scarron a écrit des comédies. (Voyez aux notes.) P. 176.

LE CHEVALIER D'AIGNEAUX (Gabriel & Tanneguy), fils de M. d'Aigneaux qui, avec son frère, traduisit Horace & Virgile. P. 246.

C'eft probablement Antoine qui se maria, tandis qu'il n'eft pas sûr que Jean fût marié.

LE CLERC. Conseiller au Présidial de Caen. P. 286.

LOUIS XIII (le Roi). P. 5, 45, 66, 69, 70, 207, 255, 271.

MALERBE. François de Malherbe, le célèbre poète. P. 136.

Mayenne (le duc de). P. 248.

Meslée (Poisson, S' de la). Avocat au Parlement de Rennes. P. 143.

Mesnil-Patri (du). Conseiller au Présidial de Caen. P. 288.

Montauban. P. 201, 214.

Monchauvet. (Voyez d'Anfernet.)

Mont-Haut (la Croix de). P. 76.

Monplaisir (N. de Bruc, S' de). Auteur du *Temple de la Gloire*, publié, en 1645, à l'occasion de la victoire de Norlingue. Il combattait à cette bataille. Ses vers n'ont point été réunis de son vivant. Il était lieutenant du Roi à Arras, en 1659. L'abbé Goujet conjecture qu'il mourut en 1673.

Les vers de R. Angot s'adressent plutôt à son père qu'à lui. P. 144.

Mony (le marquis de). Gouverneur, pour le Roi, de la ville & du château de Caen. P. 71, 72, 132.

Nantes. P. 209.

Richelieu (Armand du Plessis, cardinal de). P. 272.

Rochelle (la). P. 201, 212, 217, 225.

Roi (le). (Voyez Louis XIII.)

Robec. Petite rivière qui traverse Rouen du nord au sud. Les teinturiers y font leurs lavages. Elle est toujours sale & puante. P. 175.

Rohan (Anne de), fille de René de Rohan & de Catherine de Parthenai. — Les langues savantes lui étaient aussi familières que la sienne. P. 155.

Rotot (Jacques-Bernard, S' de). Conseiller au Présidial de Caen. P. 287.

Rouen. P. 50.

Saint-Aubin (Claude Leroux, S' de). Préfident au Parlement de Normandie, fuccéda à fon père, Nicolas Le Roux, baron de Bourgtheroulde, le 29 juin 1621, & mourut en décembre 1632. P. 265, 274.

Saint-Clair Turgot (de). Confeiller du Roi en fes Confeils d'Etat & privé, Maître des Requêtes de l'hôtel du Roi, Intendant de la juftice & police en Normandie, &c.

Probablement l'aïeul du célèbre miniftre & économifte Anne-Robert-Jacques Turgot, baron de l'Aulne, né en 1727, mort en 1781. P. 281.

Saint-Sever (forêt de). P. 156.

Saint-Symphorien. P. 103.

Saint-Sulpice (de) Cofté. Confeiller du Roi au Parlement de Normandie, poète latin. Il a écrit une Clorinde en vers latins. P. 73, 134, 154, 278.

Sauvagère-Desert (de la). P. 142, 169.

Sedan. P. 201.

Sibilot. Fou de Henri III. Il fe plaifait à faire peur aux pages du Roi, & probablement il était ventriloque ; car pendant un temps ceux qui poffédaient ce talent étaient appelés des Sibilots. (V. le dict. de Trévoux.) P. 185.

Soissons (Louis de Bourbon, comte de). Né en 1604, tué au combat de La Marfée, en 1641. P. 212.

Soubise (Benjamin de Rohan, duc de). Chef des huguenots à Saint-Jean-d'Angély. (V. aux notes.) P. 273.

Termes (le baron de). Céfar-Augufte de Saint-Lary,

Chevalier des Ordres du Roi, Chevalier de Malte, Grand-Prieur de France, époufa Catherine de Chabot & fut tué au fiége de Clérac, le 22 juillet 1621. P. 215.

TREMES (le comte de). Gouverneur, pour le Roi, de la ville et du château de Caen. P. 273.

VAUQUELIN (Charles) de la Frefnaye, fils de Jean V. de la F. 152.

VAUQUELIN (Guillaume), Sr de la Frefnaye au Sauvage. Confeiller du Roi, Préfident & Lieutenant général du Baillage et Siége Préfidial de Caen, Maître des Requeftes ordinaires de la Reine, fils du poète fatyrique & élégiaque. P. 130, 283.

VAUQUELIN DES YVETEAUX (Nicolas). Confeiller du Roi en fes Confeils d'Etat & privé, Abbé du Val, &c., Lieutenant général au Baillage de Caen. P. 277, 285.

GLOSSAIRE

des mots normands qui se trouvent dans les Exercices de ce temps.

APPEAU : appel, mot de procédure. P. 221.
BACHE : nasse, filet. P. 241, 260.
BAVOLER : voltiger. P. 78, 142.
BESSONS : jumeaux. P. 132.
BEZIERS DE PEPINIÈRE : poiriers sauvages. P. 102.
BLÈTE : motte de gazon. P. 223.
BONNETADES : saluts du bonnet. P. 221.
BONNETER : saluer. P. 85.
BOURE : femelle du canard. P. 96.
BOUROT : canard. P. 93.
BREHAIGNE : stérile. P. 161.
BRUSQUE : vif, gaillard ; pris en bonne part. P. 86, 88.
BRISÉES : terme de chasse. Marques que laisse le chasseur pour reconnaître le passage du gibier. P. 55, 207.
BROUIL : discorde. P. 100.

Busard ou Buse : oiseau de proie qu'on ne peut dresser pour la chasse ; en opposition avec l'épervier, oiseau noble qui se dresse parfaitement. Angot fait allusion à cette locution proverbiale de son temps : On ne saurait faire d'une buse un épervier. P. 285.

Cabas : vieux meuble grossier. P. 212.

Cageol : cri du geai, terme de fauconnerie. P. 75.

Cageoler : parler avec gaîté. P. 195.

Candin (sucre) : sucre candi. P. 37.

Cane (faire la) : se sauver, se dérober au danger. P. 106.

Cassades : bourdes pour se débarrasser d'un importun. P. 221.

Castor : chapeau de première qualité. Il y avait le *demi-castor*, qui était de qualité inférieure. P. 86.

Cessant que... : hormis que.... ; si ce n'est que... P. 166, 200.

Charté : cherté. P. 76.

Chevaler l'argent : acquérir l'argent par ruse, comme les chasseurs, qui se cachaient sous un mannequin en forme de cheval, pour approcher le gibier & le tuer à coup sûr. P. 85.

Chevêche : chouette, oiseau de mauvais augure. P. 151.

Cocodril : crocodile. P. 119.

Cotelle, Cotelette : Jupon. P. 79, 90.

Courtines : rideaux de lit. P. 92.

Cyne : cygne. P. 45 & 46.

De quoi : de l'argent. P. 84.

Drapeau : drap de lit. P. 92.

Drapeaux : guenilles. P. 205.

Droguet : tiffu de laine commune. P. 92.

Ecale : coquille. *Un pouffin qui a l'écale hors du cu :* un pouffin qui vient d'éclore. P. 85.

Ecoufle : milan, oifeau de proie qui fe nourrit de petits oifeaux. On appelle auffi écouffe ou écoufle le cerf-volant que les enfants élèvent en l'air à l'aide d'une longue ficelle. P. 93.

Entierrer une vache : l'attacher à un pieu (tiers), dans une pâture. P. 193.

Enterver : ce n'eft pas un mot normand ; c'eft un mot d'argot qui fignifie ici ennuyer. P. 158.

Feu-de-nuit : feu follet. P. 171.

Fieffe ou Fiée : abondance ; à moins que ce ne foit une corruption du f. f. fief : héritage. P. 237.

Flasque : femme maigre. P. 168.

Fleaux (monofyllabe) : on prononce en Normandie *flais*, le fléau à battre le blé. P. 7, 75, 104, 279.

Fressurier : homme de rien, qui fait l'important. P. 40, 220.

Froc : étoffe de laine commune qui fe fabriquait à Bernai et à Lizieux. P. 92.

Fusil : briquet en acier dont on frappait un filex garni d'amadou pour allumer le feu. P. 81, 213.

Futière (pierre) : filex. P. 39.

Gauplumer : ébouriffer les cheveux ou les plumes, comme celles d'un coq en fureur. P. 182.

Gobeau d'argent : pillule argentée. P. 36.

Goujart : goujat, valet de foldat. P. 91.

Gouspiller : gafpiller. P. 63, 95.

Hanicroche : perfonne embarraffante. P. 161.

Harder : Troquer. P. 88.

Incaquer : fouiller d'ordures. P. 98.

Jarbe : gerbe. P. 77.

Karesme-prenant : le mardi-gras. On appelle auffi des carefme-prenants (par abréviation caremprants) des crèpes qu'on mange ce jour-là. P. 194.

Lanfais : fil de chanvre prêt pour être tiffé. P. 79, 90.

Lange : lainage. P. 79.

Lentes : œufs de pou, &, par extenfion, des poux. P. 106.

Loudier : couverture de lit, courtepointe. P. 92.

Manque : dépourvu. P. 13. 43, 191, 211, 226.

Marcou : matou. P. 186.

Mauvaitié : méchanceté. P. 124.

Messire-Jean : curé de village, P. 178.

Milord : homme riche. P. 220.

Morquin : Velours de laine. P. 79.

Moucher : dépouiller. Analogue à : faire rendre gorge. P. 203.

Mucre & auffi Remucre : corruption caufée par l'humidité. P. 36.

Nique (faire la) : narguer. P. 98.

Niquet : délicat. P. 79.

Nostra : fille publique. P. 77.

Paisan (en deux fyllabes) : on prononce encore Pais ou Paifan, pour pays ou payfan. P. 94.

Pane : étoffe veloutée à longs poils. P. 86.

Papegai : perroquet. P. 201.

Picoreur : pillard. P. 89.

Petun : tabac à fumer. P. 196.

Pierre Futière ou Feutière : pierre à fufil, filex. P. 39.

Pitaut : ruftre, payfan, p. 89.

Pleiger : fe faire fort pour quelqu'un, rendre raifon le verre en main. P. 223.

Plouyer : pluvier, oifeau aquatique de la famille des échaffiers. Il fe nourrit de vers, qu'il recueille dans la vafe ou le fable humide. P. 127.

Preignant : douloureux. P. 107.

Pot a Caudel : vafe où l'on met la *caudelée*, ou reftes de lait pour faire la foupe. P. 79.

Poulier. S. M. : cahutte, poulailler. P. 212.

Poulier. V. A. : élever à l'aide d'un câble & d'une poulie. P. 64.

Poussin : poulet. P. 93.

Pyrote : femelle de l'oie. P. 96.

Quillard : inftrument avec lequel on abat les quilles ; plus roide qu'un quillard. P. 200.

Rebours : cheval rebours, cheval vicieux. P. 98.

Reconnaitre : affifter, *reconnaître un pauvre d'un tournois :* affifter un pauvre d'un denier, de la 12ᵉ partie d'un fou. P. 85

Salade : cafque ; ce n'est point un mot normand. P. 210.

Saons : mot de procédure normande. Récufations P. 221.

SENAT OU SENAS : grenier à fourrages. P. 77.

SEREINE A CRÊME : terrine où l'on met cailler le lait, pour que la crême se forme. P. 79.

SINOT : pot à beurre. P. 96.

SORTIT : 3ᵉ personne de l'indicatif présent du verbe *sortir*. Je sortis, pour : *je sors*. Il sortit, pour : *il sort*. P. 237.

SOU ET SOUE. s. f. Etable à porcs. P. 190.

TANNÉ : drap brun. P. 79.

TREMEUR : (du latin *tremor*) crainte. P. 226.

VAUDEVIRE : chanson bachique. p. 201.

VEILLE : vrille, tarière. P. 96.

VERAUT : verrat. P. 190.

YVRÉE : ivresse. P. 187.

www.ingramcontent.com/pod-product-compliance
Lightning Source LLC
Chambersburg PA
CBHW060505170426
43199CB00011B/1332